JN438549

소금사막의 노래

이상원 시집

Song of Salt Desert

by Lee, SangWon

Key Poetic Words

salt, desert, dream, life, wind,

time, death, solitude, journey,

dust, road, kingdom, ennui, miracle,

silence, agony, ruins, emptiness,

crying, crystal, despair, sorrow

Poetry, Song of Salt Desert

Published in Seoul, Korea,

in August, 2014

This Poetry Is Hymn Of Life

Sung By A Dreamer

In The Salar de Uyuni, Bolivia

소금사막의 노래

목 차

1. 허공의 인기척 … 004
2. 물의 장례식 …… 014
3. 소금의 길 ……… 028
4. 순례자 ………… 040
5. 은빛 족적 ……… 047
6. 지옥의 불기둥 … 058
7. 연두빛 빈혈 …… 067
8. 늙은 인디오 …… 075
9. 풍경의 장난 …… 088
10. 태양 왕국 ……… 103
11. 모래 울음 ……… 110
12. 침묵의 얼음 …… 125
13. 절망의 뒤꿈치 … 136
14. 고독한 화가 …… 149
15. 해골의 시간 …… 157
16. 물고기섬 ……… 165
17. 투명한 자서전 … 174

1. 허공의 인기척

붉은 우편행낭을 메고
태양의 우체부는 오늘도 건조지대를 지나간다
미처 부치지 못한
늦은 편지를 전하기 위하여,

지금 서성거린다
수취불명의 해 그림자는—

시간의 야윈 등짝에
소인을 찍는다 살아있는 동안
누구나 시간의 노예일 뿐,
아주 잠깐 동행하였지만
어느 누구도 그 끝에 이르지는 못하였다
시간은 끊임없이 긴 편지를 보냈다
아득한 날, 하늘의 밀서는 열려있거나 닫혀있거나
답장을 보낼 수 없는 먼 곳에 있었으므로
아무도 응답할 수 없었다

오직 물음만 존재할 뿐,

오늘은 어제처럼
그리고 내일은 오늘처럼
늘 죽는다 절망처럼 죽는다
희망은 개봉된 시간보다 먼저 죽는다
세계의 눈은 제 눈을 보지 못하므로
결코 제 눈에 비친 풍경을 온전히 읽어내지 못하였다
우리가 지금 알고 있는 모든 것도
두 발을 디디고 선 이곳을 단 한 번도
벗어나지 못하였으므로

하얗게 질린 적멸의 미궁,

얼마나 오래 울었을까

작열하는 태양 아래 드러누워
메마른 입술에 축이는 한 모금,
불멸의 속삭임을 찾아
푸른 바람은 맨발로 걷는다

밀교의 사원인가?

은밀한 회랑으로
한 줄기 어둠도 들이치지 않는
여기에서 비로소 마음을 여민다
비현실처럼 느껴지는,

소금사막의 지평선

서로 스며들어 일체가 되는
하늘과 땅의 경계마저 사라진 곳,
누가 거대한 걸작을 하늘과 땅에 걸쳐놓았는지
구름 드문드문 떠있는 투명한 하늘,

소금거울에 온전히 몸을 맡긴다

하늘을 걷고 있는지
거울 위를 걷고 있는지

아득한 풍경 한 점이 되어
발은 공중에서 붕붕 떠다닌다
지독한 울음마저 졸아들어
꽃처럼 결정이 되어 피어나고
슬픔이 스며들어도 감출 수 없는 곳,

눈길 닿지 않는 먼 기억의 저편
허공을 가르며 적막을 노래하는지
하얀 새는 부서진 날개 죽지를 털며
마침내 일체를 덮고,

고요히 내려앉는다

아찔한 시간의 화폭,
신이 그린 미니멀리즘 회화인가?
거대한 자연의 캔버스는 낡아가고
푸르고 하얗게 대비되어
침묵보다 깊이 드러누웠다
늙은 인디오의 녹슨 표정에서
깊고 서늘한 눈길이 느껴질 때
순례자는 투명한 벽을 통과하여
여기 거대한 시간의 바다에 섰구나!

얼마나 오래되었는지
그림자만 종일 맴돌다 가는
햇살에 삭은 빛바랜 침묵들,
그만한 크기로 머물고 다시 벽이 무너지고
그림자도 무너졌는지 무너진 자리마다

바람만 간간이 기웃거린다
가르릉거리는 고양이들처럼
햇살 따라 옹기종기 모여 졸고 있다
느린 시간의 침을 핥으며—

인기척 사라진 태고의 정적,
지금도 그대 귀에 들리는가?

허공의 신발 끄는 소리,

아득한 원시의 시간,
저주처럼 홀로 내팽개쳐질 때
두 주먹 쥐고 알몸으로 세상에 나와
지린 오줌을 털듯 소리치고 침묵하다가
평생에 한 일이라곤
쓰레기의 항문으로 들어가
쓰레기의 입으로 토하였을 뿐,

시간의 티끌 자욱한 세상의 끝에서,
그동안 누린 건 권태와 광기가 전부였다
맨 처음 연약한 시간은 연록빛 새싹으로
누구나 새로운 희망처럼 티 없길 원했지만

살아가며 대부분 너덜너덜해지다가
낭비되는 시든 생애가 아니었던가?
결국은 수중에 여비 한 푼도 남지 않게 될 때
비로소 그 소중함을 느끼는
잔돈 몇 닢의 길

순례자의 마지막 여정처럼,

우리의 인생이란 달콤하지만
그 얼마나 아쉽고 쓰라린 것인지

꿀단지에 빠진 초파리처럼
이미 뚜껑은 닫히고 나올 수 없어
지옥 구덩이에서 허우적거릴수록
더욱 빠지는 허공의 깊은 골짜기,
누구나 잠깐 동안 오직 달콤함에 취하여
희망이란 지친 발자국마저 그치는 그곳,
마지막으로 누추한 몸을 벗기 전
다시 돌아온 원시의 시간 속으로
소금사막에서 부르는 소리,

노래인지 신음인지—

허공의 인기척!
누가 어둠 속에서 발을 들이밀 때
정체모를 막연한 두려움을 느끼는
들숨과 날숨의 사이,
거기 연약한 풀처럼 한 생애가 있다
한두 걸음만 넘쳐도 숨 가쁘다 하고
서너 걸음만 멈춰도 금방 시들고 마는
여린 풀대의 일생을 되돌아보며
우리는 어김없이 후회하지 않았는지
하지만 누구나 찬란한 한 줄기 빛이 되어
알 수 없는 저 우주의 지평선,

너머 사라지는,

우리는 무엇을 위하여 여기까지 떠도는지

푸르른 우주의 담요
얇은 한 장의 생애를 덮고
미처 내뱉지 못한
입속에 우물거리는 말,

지나온 계절은 혹독하였지만

참으로 경이롭다고 홀로 말하며—

시간은 날름거린다
악마의 입 속 젖은 혀처럼
쉴 새 없이 들락거린다
세월은 너무 빠르고
계절은 피로 물들어 냉혹하다
빙판에 미끄러지는 스케이트 날처럼
세상은 하염없이 미끄러진다
죽음의 기울기로 허망하게 무너진다
시간이 허물어지는 동안
목숨도 덩달아 무너져내린다
어김없이 모두 사라지기 위하여
서둘러 스스로 소모하느라 바쁘다
화염을 토하며 소금보다 빨리 졸아드는지

소금은 고통의 꽃!

꽃은 늘 제 자리가 불편하다
불편하다는 건 불안하다는 것,
세상의 꽃은 자리에서 박차고 뛰어나오길 바라지만
소금포대가 꾸려질 때마다 발목은 더욱 무겁고

뜨거운 소금사막에 고단한 그림자만 어슬렁거린다
지친 노새는 거친 숨을 몰아쉬며
기나긴 여정을 걱정하지만 가야할 길은
아직 시작되지도 않았다
비극처럼 하얀 공포가 손을 내밀고
누구도 남은 생애에 대해 입을 열지 않는다
혀를 놀리는 순간 무너지기 마련인가
극한의 결정으로 바스러지는 편린들,

생애는 바람인가
머물지 않고 스치는 나그네인가
혹은 안개 속에서 걸어나오는 유령인가
어느 날 문득 떠날지라도 그대여,
뒤돌아보지 말라 눈에 밟히는 것들로
다시는 이곳으로 오지 말라
서성거리지도 말고 그냥 떠나가라

아득한 그대 뒷모습,
시린 노을 속에 천국의 계단을 올라
집으로 돌아가는 길,

강가에는 빈 배 한 척 물결에 출렁이고

마음은 놓을 데 없는 닻처럼 뱃전에 기대어
젖은 생애를 말리고 있구나

허무한 나날,
잠기지 못한 닻처럼
붉게 녹슨 시간은 하염없이 흘러가는데—

2. 물의 장례식

바람은 화살을 잰다
화살촉에 독을 잔뜩 바르고 허공을 겨눈다
찰나가 저리 팽팽할 수 있다니!
시간은 끊임없이 시위를 당긴다
정작 겨누는 저것은 무엇인가?

허공의 심장!

숨을 멈추고 시위를 놓는다

바람을 가르는 소리,
피—이잉—

울부짖는 저 소리가 삶이라면
얼마나 끔찍한가?

허공은 늘 아찔한 울음으로

고통을 대신하는 것인지
도대체 알 길 없는 저 깊이로 누구나 들어간다
꿈꾸는 세상은 대개 등을 돌리고
의지나 희망에 아랑곳하지 않고
제멋대로 허공을 구른다
온갖 오물을 잔뜩 뒤집어쓰고
헐떡거리며 때로는 절망에 몸서리치며,
그게 삶이라면 얼마나 가련한가?

화려한 화원,
서둘러 꿀을 따 모으는 벌처럼
인생은 어김없이 계절에 쫓기고
꿀을 따기 위하여 얼마나 노곤하였는지
꿀을 누리는 순간은 짧고 비록 달콤할지라도
생애는 대부분 얼마나 쓰라린 맛인지

세상에는 묘약이 없다
꿀조차도 겨드랑이가 찢긴 날개의 고통

한 방울의 꿀은
견뎌야 하는 고통의 댓가로 겨우 얻은 것—

시간은 약탈자처럼 자주 무자비하고
어느 순간 점령군처럼 몽땅 꿀을 훔쳐간다
잔액이 얼마 남지 않은 은행통장처럼
늘 허기를 채우기 위하여 숫자를 찍는 일,
죽음의 날짜를 찍는 허공의 놀이—

얼마나 먼 길인지,
그대에게 스며드는 길 위에서

우리가 알지 못하는 일이 세상에는 얼마나 많은지
대왕나비는 먼 거리를 비행하여 집으로 돌아온다
소금 캐러밴보다 지독한 4,200km의 여정,
멕시코 만을 가로질러 태양을 따라 이동하여
3세대 만에 그토록 그리던 집으로 돌아온다
하지만 그 집에 기다리는 것은 무엇인가?
기껏해야 그리움이란
빈 허물을 벗은 곤충의 껍데기처럼
잔혹한 허무의 잔해로 소슬하구나!

얼마나 오랜 시간이 흘렀을까?
북극곰은 고래뼈무덤을 찾아 해안가를 찾는다
파도와 바람에 하얗게 질린 영골들

좌초된 난파선처럼 여기저기 널린 채
적막한 바람의 소리를 듣고 있구나
심해를 유영하는 혹등고래에게는 이정표가 없다
거친 바다를 벗 삼아 별빛과 파도의 노래 들으며
홀로 길 없는 길을 따라 헤엄친다 어느 날인가
투명한 빙하의 끝자락에 마음을 눕힌다
고래는 자신의 죽음을 보이지 않는다
그토록 큰 몸뚱아리를 모래벌에 뉘고
가쁜 숨을 몰아쉬며 최후를 맞는다
삶과 죽음은 얼마나 장엄한가!

동굴은 지구의 창자 속인가?
그곳에는 금빛메기가 산다
세상과 동떨어져 눈 먼 채 엎드려
그저 퇴화된 고요를 고즈넉이 물고 있다
체념처럼 뒷짐이나 지고 오늘도
바닥에 납작 엎드려 꼼짝하지 않는다
얼마나 불가사의한가?

금빛메기의 수염은
지독한 절필이다

어둑한 수면 깊이로 게으르게
끔찍한 침묵과 뒹굴며
다른 세상이 있는 줄도 모르고
고독한 것이 정작 무언지도 모른 채—

자연은 깊고도 슬프다
슬프기 때문에 자연이라 부를 수 있는가?
내버려둘 때 비로소 자유롭다는 것,
입술에서 맴도는 말하지 못한 것들에 대하여
그리움을 안고 귀환하는 날들을 위하여
바람은 서성거리며 이따금 울었다

울다가 지치면 낡은 시집을 펼친다
푸른 겉장에는 종종 바람 내음이 난다
네 시집은 소금의 붓으로 쓴 염전,
심연에 흐르는 물소리를 따라
우울한 밤을 한 장, 한 장, 말리며
지새던 수많은 나날들,

지금 소금의 언어는 정결하다
가장 단순하여 더욱 아름답지 않느냐?

시는 소금이다

소금의 언어이므로
언어의 제왕이라 부를 만하지만
소금의 시어는 왜 슬픔과 어둠을 즐겨 수혈하는가?
근원적인 슬픔은 또 어디서 오는지
그 언저리를 허물고나면 텅 비어 있다
너덜너덜한 이미지는 뿌리째 뽑아버리고
뿌리에 묻은 한 점, 물기조차 모두 털어내고
더구나 거기 우울처럼
야윈 목을 길게 빼고 다다른 곳,
쓸데없는 상상마저 싹 지워버리고 난 뒤—

소금사막의 저편,

아득한 풍경이 젖어내린다
얼마나 오랫동안 가물었을까?
얼마나 애린 마음으로 맨발로 걸어왔을까?
내 안에서 비가 촉촉이 내리고 있다 지금
비가 가슴을 후벼파고 있다

물방울 지는 소리,

적막을 견디는 숨소리를 닮은
고요한 시간,

더욱 시끄러울지 모르겠다
마지막 생명의 불꽃이 일렁이는지
물의 눈빛이 초롱초롱하구나
금방 목숨처럼 물방울이 지고
사라지는 순간은 영롱하여라

물의 장례식 장엄하구나

꽃상여처럼 무지개가 오르고
시간의 처마에 남은 낙수 지는 소리,
넋을 인도하는 주문을 닮은
지난 겨울 얼어터진 울음들
푸릇한 새싹으로 움이 돋는다
연녹색 공명으로 꺾인 무릎들 일어선다
한쪽을 바래다주며 한쪽이 일어선다

누구든지 살아있는 동안
제 얼굴을 제대로 본 적이나 있는지
거울을 보지 않고 제 눈동자에 비친

자기 모습을 본 사람은 아무도 없지 않느냐?
누구도 자신을 바라보지 못한다
게다가 마음은 더욱 알지 못한다
늘 시선은 밖으로 향하여 촉수를 거느리고
축축한 생애의 바닥을 혀로 핥으며
정작 내부로 한 발짝도 들이밀지 못한다

그런데 남을 본다는 것—
제대로 깊은 응시의 눈길로
마음을 바라본다는 일이 가능한 일인가!

그러나 여기 오거든
두 눈 뜨고 바라보라!
소금의 격자는 허물어지지 않고
심연을 투명하게 보여준다
내면은 꼿꼿한 삶의 결정인가!

햇살은 마른 혀를 드러낸다,
숱한 주검을 태우고 또 묻다가 지치지도 않는지
갈라터진 혓바닥을 축 늘어뜨리고
모래 굴에 숨은 전갈의 꼬리에 들러붙어
불의 화살을 지겹도록 견뎌내고 있다

남은 시간을 바래주기 위하여
어둠을 향하여 손짓하며
서러움마저 물러가는
달의 외출,

아주 잠깐,
통증은 덜할 지도 모르겠다
바람의 푸른 정맥이 모르핀 주사를 맞는 순간,

아무도 위로받지 못하고 또한 누구도 믿지 않는다
침묵보다 낮게 가라앉은 고독의 힘!

내면에 의문부호를 무수히 뿌린다
황무지에는 바람이 유일한 친구인가?
나는 한때 괴로워하였다
더 살아야 할 날이 남았다는 사실에
자주 욕지기가 치밀고 불면의 밤은 이어졌다

왜? 라고,

묻는 그 자리에서 물음이 죽었다

……

그리고 침묵도 그 자리에서 죽었다

바람은 주인 없는 대문에서
낡은 초인종을 쉼 없이 눌러댄다
바람은 여전히 여기가 좋은지
자주 들락거리지만—

대답 없는 자리,

오늘도 사막은 쓸쓸한 여백이다

자주 누전하는 마음
제 안에 숨겨놓은 두꺼비집,
왈칵 마음의 전압이 오를 때
누가 그렇게 소멸을 향하여 스스로 가고 싶어 했을까?
소금사막에는 자주 타는 냄새가 난다
대지를 지키는 수호신처럼 애 태우고
온전한 한 채의 집을 지키는,

저 인고의 입술!

시간의 튼 입술을 깨물고
나는 고백한다,

나는 지독한 바람이었다

얼마나 오래 살았을까
지겨운 이 집에서—
오늘도 바람기를 느릿하게 되새김질하며
여정은 멀리 하늘을 바라보지만
세상의 길은 방랑자를 위하여
결코 길을 남겨두지 않았다

누가 누굴 사랑한다고 착각하는가?
사랑이란 얼마나 허망한 놀이인지
집착이란 독거미는 지치지도 않는지
늘 덫을 쳐놓고 기다린다

생은 찬란한 허공의 꽃!

누구라도 함정에 빠지면
시간의 그물에 엉긴 채
죽음의 끝자락에서 대롱거린다

진이 다 빠질 때까지 절망을 불러 모으고
한 칸의 허공처럼 무너져내린다
아무런 의미도 없이 흐르다가
전류처럼 스스로 감전되어 아찔한
절정의 벼랑에서 뛰어내린다
단지 욕망의 불빛을 내지르며 쉽게 길들고
그저 문명이란 이름으로 휘장을 치고
뻣뻣한 소외를 외로운 침대에다 눕힌다
갖가지 체위로 소멸을 향하여 달려가다가
생의 막바지에서 한 점 불꽃처럼
명멸하는 환희를 느끼는 것인가?

삶의 극치는 죽음이지만,
죽음의 문턱에서 새로이 불꽃이 튄다
사막의 두꺼비집 속에서 바람소리가 난다
나그네는 길 잃은 돌풍을 만날 때가 있다
딱딱한 소금의 평원을 휩쓸고 지나가는,

솟구치는 전류!

생의 전하가 과부하로 비틀거릴 때
두꺼비집은 스스로 제 영혼을 태운다

제가 스스로 먼저 죽음으로 온전하게 지킨다
고통의 전류를 통하여 어둠을 밝혀
제 몸 구석구석을 비춘다
집은 기억한다

푸르게 솟구치던
분노의 시간들—

우주는 한 채의 극장,

나는 나를 연기한다 내가 선 무대,
그저 공으로 얻어진 자리가 아니다
그냥 저절로 된 무대가 아니다
많은 사람의 땀과 눈물로 꾸민 무대,
막간에서 늘 초조하게 기다리는,

나는 물음을 던진다

나를 지금까지 얽맨 저것은 무엇일까?
나의 서툰 시선에는 벗어나 있는
내가 모르는 이곳에서는 내가 보이지 않는다
오직 보이는 건 관객의 눈초리들

그냥 지나치는 구경꾼에 불과하거나
무관심한 그들의 눈동자 속에 투영된
나의 느낌을 스치는 풍경처럼 바라볼 뿐,

풍경은 한없이 흘러가고
어느 것도 그대로 두지 않는다
비극이지만 얼마나 소중한 곳인지
혼자서 나는 중얼거린다,

당신의 눈동자가 나를 사로잡을 때,
이 땅이야말로 결코 함부로 오르는
무대가 되지 않아야 하는 것을—

3. 소금의 길

홀로 소금사막에 든다

나를 찾아나선 아찔한 길,

하얗게 질린 열사의 땅은
희뜩 눈알을 뒤집고 날 받아준다
소금사막에 들면 바람은 온전히 나를 머금고
나를 지운다 그 빈 자리에 표정은 그냥 그대로다
사막은 내색도 하지 않고 신기루처럼
바람과 풀과 나무를 데리고 놀다가
한참만에야 나를 게워낸다
푸른 물이 든 산짐승 한 마리,
짐승의 이빨로 물어뜯고 뜯기던 상처들
부드러운 혀로 핥으며 세상으로 다시 돌아나온다
먼지의 입으로 삼킨 온갖 생각들
한 점 남김없이 아물어 새 살이 돋아
나를 부려놓고 낯선 곳에서 길을 잃는다

꽃의 이마가 따뜻하다
어느새 대지의 온몸이 펄펄 끓더니
울긋불긋 열꽃이 피었다
고통의 축제가 시작되었구나!
방금 잠을 깬 유령들의 춤사위인가?
백일몽처럼 피어오르는
하얀 꽃들의 향연인가?
현실과 꿈, 그 몽환적인 경계를 풀고
매운 세월의 두께조차 걷어버리고
죽음의 발걸음을 한 발, 한 발 딛고
여기까지 오느라 얼마나 힘들었을까?

그러나 보라!
비록 연약하지만 어울려 피는 화엄의 화원을,
여기 분분히 지는 소금의 꽃보라들
다시 한없이 몰려오고 있구나
억겁의 세월을 지그시 깨물고 있더니
한 철 소풍을 서둘러 마치고
다시 깨금발로 가고 있구나
저 길이 예사롭지 않듯,

모든 길에는 슬픔이 가득하다

소금에 절은 땀내조차
향기롭다고 말하는 소박한 이유가
얼마나 사치스러운 변명인지
우리는 차마 말하지 못한다
그러므로 생명의 끝자락 즈음에는
아직도 다 뱉어내지 못한 웅얼거림이
군데군데 머물고 있는 것인가

떠나온 길은 점점 여위고
삶의 관절이 아리기 시작하면
어느새 여기는 그토록 갈망하던 곳,
마지막으로 마음을 눕힐 수 있는
여행의 끝자락이 되는 순간이 아니더냐?
나그네는 길을 이어가기 위하여
노곤한 하루의 여정을 잠시 밀쳐두고
석양의 꼬리지느러미 위에 겨우 걸터앉아
코카잎을 씹으며 통증을 누그러뜨린다
게스트하우스에서 여행자들은
이만한 호사는 일정에도 없는 것이라며
서둘러 지친 마음 한 자락 게워내며
푸르게 솟았다 가라앉는다

소금은 햇볕의 꽃인가,
혹은 시간의 저주인가?
탈색된 삶의 성대가 뒤로 젖혀지면서
울컥 목젖이 가라앉는 먹먹함으로
지나온 발자국마다 온통 고통스러운 기억뿐,

갑자기 심해가 솟아올라
개벽의 깃발을 펄럭이다가
여기, 눈부신 땅에서 젖은 몸을 말린다
당나귀의 야윈 등짝에
잘라낸 소금덩이 포대가 걸리고
비척거리는 발자국마다 고단한 낙인이 찍힌다
끝없이 이어지는 캐러밴의 행렬에서
소금에 찌든 녀절한 생애가 따끔거리고
열렬한 신봉자인 땡볕만 소금사막에서
적막하게 등짐을 부리고 있구나

사막은 고요하다
바람의 결정인가, 물의 결정인가?
소금은 앙다문 입술로
지겨운 권태조차 뱉어내지 않고
서로 깍지 낀 손으로 움켜쥐고 있다

온통 하얗게 뭉쳐져 누구와도
타협하지 않는 정신의 고결함으로
그렇게 사막은 덧붙일 것 없는
침묵의 세계를 보여주기만 할 뿐,

다만 눈으로만 둘러보라 말하며
기어이 너희들도 더불어 침묵하라고
지긋지긋한 불화살을 하늘가에 쏘아올린다
아예 모조리 쓸어버리겠다는 것인가?
살아있는 그 어떤 것도
용납하지 않으려는지 결연한 자세로
막 도약하려는 야수처럼 납작 엎드려
허연 이빨을 으르렁거리고 있다

기나긴 여정의 한 토막,

우연히 하루 밤을 묵는다
한 곳에 멈추어 영감에 사로잡힌다
소금벽돌로 지어올린 호텔에서,
소금의 내력을 찬찬히 읽으며
외진 공간에서 적막을 노래한다
비록 낯설지만 소금호텔에서

들고나는 손님은 모두 오랜 친구같다
침대와 탁자, 간소한 집기는
소금벽돌을 잘라 쌓아올린 것,
레이스가 달린 하얀 식탁보,
침대시트는 정갈하고 방은 단출하다
소금의 방에서 이방인은 하루를 눕힌다

딱딱한 시간이 머무는 공간—

수억 년 동안,
해저에 웅크린 채 있다가
빙하기를 거쳐 불쑥 솟아올랐다
심해의 미궁에서 뛰쳐나와
호수가에서 젖은 몸을 한껏 말리며
깊은 잠을 자고난 어느 날,
갈망의 아우성들이 세상 밖으로 나와
이리 단단하게 굳을 줄이야!

한갓 형상을 갖춘 것들은
모조리 허물어지기 마련인데 여기서는
오히려 제 나름대로 흉터조차 고이 간직하고 있구나
지나온 행적에 따라 저절로 멍울로 뭉쳐져

한 자리를 차지하고 있구나!

소금호텔에 묵는 하루 밤,
일생을 통하여 부패하지 않는

단 하루의 기억,

파도의 가슴으로 우러나와
이외의 낯선 곳에서
푸른 안식을 얻을 수 있다니,

삶은 도대체 알 수 없고
시야는 도통 보이지 않는다

누구라도 소금호텔에 오면
자신의 생애가 한 줌 소금이었다는
그 사실을 깨닫게 될지도 모르겠다
여행은 소금의 길,
모든 길은 소금의 길이며
오직 땀으로 남은 길을 지우며 지나가야 한다
세상은 소금의 집에서 안락을 찾지만
소란한 집은 온갖 고통으로 어지럽다

버석버석한 소금의 무덤들
살아온 날만큼 먼지처럼 켜켜이 쌓이는 것인가?
과연 누가 저 잔해를 치울 것인가!
이런 사실에 때로 절망하기도 하지만
마지막 노래는 대답 없는 물음으로
이렇게 끝나게 될 지도 모른다
누구나 가야할 길은 부패하지 않을,
오로지 홀로 가야할 길이지 않느냐?

여기는 미지의 땅,
이정표는 제 안에 길의 울음을 재어놓고 있는지
자주 목구멍이 막혀 결절을 앓는다
낯선 사람들이 내뱉는 방언들
서로 섞여 알아들을 수가 없구나
다만 짐작으로 간간이 알아들을 뿐
대개는 먹고 마시고 자는 일,
그리고 부치고 싶은 그리움 같은 것,
그렇게 낯선 순례자들은 스치듯
낯선 땅에서 잠시 만나고 헤어진다
서로 쓸쓸한 등 뒤를 바라보지 않기 위하여
먼저 가벼운 인사를 나누고 떠나고 싶다

하늘에 매달린 듯
마을에는 몇 채의 집,
그 곁에 사막도마뱀의 꼬리처럼
끊어졌다 이어지듯 엎드린 길,
아슬아슬한 계곡 건너편
멀리서 조망하며 길을 재촉한다
외줄기 길을 지나치며 아찔한
잔해를 내려다보고 현기증을 느낀다
저 아래 추락한 버스와 지프들,
미처 다 풀지 못한 여정들과 사연들
녹슨 채 깊은 계곡의 바람에
몸을 말리고 있구나

소금의 길을 오가며
길은 자주 꿈을 깬다
가위눌린 잠,
잠은 달콤하지 않고 늘 악몽을 꾸었다
꿈속에서 나는 쫓기며 떠돌았다
늙은 한 마리 말처럼 선 채로 잠자는
나는 저주받은 방랑자

어느 날,

지친 말은 드러누워 잠잘 것이다
오직 죽음에 임박하여 길이 무너지면
무릎이 꺾인 채 고통도 끝날 것이다
백일몽처럼 환하게 떠오르는 풍경,
환영처럼 즐비한 주검들
위태로운 벼랑을 기어오르는,

황홀한 절경!

바위틈을 용케도 뚫고
단내 나는 기울기를 무릎쓰고
야생화는 여기저기 울긋불긋,
연약한 아귀의 힘으로 산을 움켜쥐고 오른다
황량한 죽음의 땅에 같은 계절을 이고도
드문드문 빈 자리가 보인다
아마 먼저 진 꽃들의 자리일 것이다

너무 일찍 서둘러 가는 길,

살아있는 것은 끼리끼리 모여
저리 환한 모습으로 제 빛을 뿜어내지만

보라,
그 위에 도사리고 있는 한 줄기 외길,
죽음이 뱀처럼 늘어지게 하품을 하고 있지 않느냐?
굽은 벼랑을 돌아가며 경적을 울리지만
서로 눈길을 마주칠 여유조차 없다
나의 갈 길이 더 위태롭고
또 가야할 길이 아직 남아있으므로

위험한 금서의 행간,

우리는 바람이 연주하는
푸르른 날들의 풍금소리를 듣는다
그저 한 귀로 흘리며 낡고 찢어진 생의 악보
한 페이지를 가까스로 넘긴다
빛나게 튕겨 오르는 오선지 위로
혹은 점자처럼 울퉁불퉁한 길을 지나며
아찔함이 몰려오면 길의 후렴을 간신히 부여잡고
진땀나는 행간을 달려갈 뿐,

허공에 뜬 이 길은 안전하지 않으므로
입 다물고 살며시 마음만 열어두는가?

대개 길 위에는
축원의 말씀이 가득하지만—

길은 여전히 위험하다

4. 순례자

산다는 일은 염증과 같다
삶의 권태가 종기처럼 부풀어올라
가득 고인 슬픔이 터질듯 쌓이는 일—
언젠가는 곪아터지고 말 것처럼
소금의 길에서는 미열이 자주 나고
불현듯 몸살처럼 아프기도 하는 것인가?
외로움은 얼마나 아픈 것인가?
누가 이리 위험한 길을 처음 내고 걸어갔는지,

제대로 살기 위하여
나는 왜 죽어야했던가?
얼마나 자주 죽어야 살 수 있었던지
그 역설로 지독한 슬픔과 외로움들
오늘 여기까지 나를 끌고 왔다
내가 죽고나자 세상은 버려지고
게워낸 오물처럼 나의 빈 자리는 적나라하다
누구나 한 번은 맞닥뜨려야 하는

절명의 순간,

여망이나 회한이 없는 삶이 가능한 것인가?

외롭지 않은 나그네가 어디 있으랴!
서러운 길에서 밤하늘을 덮고
한데 잠을 자 본 날들이 있다면
왜 저리도 별 떼들은 총총히 푸르게 다가오던지
그게 자신의 눈물인 걸 숨겨주기 위하여
별은 고요히 강림하는 것인가?
세상 모든 고통을 대신하기 위하여
눈시울 그렁그렁한 깊은 슬픔으로
하늘에서 보낸 천사의 눈물인가?

낯선 땅에서 나그네는 부르튼 발로
서러움을 물고 고단한 쪽잠을 자게 되리라
먼 고향의 집을 나와 떠돌아다니며—
불우한 한 몽상가는 가끔 죽음을 뚫고
바람을 닮은 듯 지나간다
구름 위에서 게으르게 산책이나 하다가
저 아래 무수한 죽음을 지나치며
희미해진 한 줄 비명을 읽기도 하고

드물게 조사를 읽기도 하였으리라

그러나 정작,
자신의 죽음을 똑바로 바라보면
무슨 말을 남길까?
그게 흔히 말하듯 유언이라면,
살아서 아무리 신중하고 결백하게 쓴 말일지라도
한없이 부끄럽고 미처 못다한 말들로
가슴이 저리거나 먹먹한 울음으로
저절로 신음하게 되리라

순례의 여정에는 갈증이 심하다
외진 곳을 처음 들어갈 때
물병의 물은 늘 남겨두어야 안심한다
마지막 한 번 마실 분량을—
일생이란 것도
이처럼 목마름을 축일 수 있는
한 잔의 물을 휴대하는 일처럼
그리 간단한 게 아니다
늘 조바심하며 낯선 시간을 만날 때마다
아껴서 마실 수 있는
여분의 갈증을 미루어두어야 한다

하지만 경계하라,
너무 여기에 매이면
탐욕의 덫에 걸리기 일쑤다
우리는 자주 자신을 살펴야 하리라
남의 목마름을 채울 수 있는데도
외면하고 지나친 적이 없지 않은지—
갈증은 나그네의 양식이므로
누구라도 목마른 사람에게 먼저
기어이 자신의 물병을 내줄 수 있어야 하리라

소금은 맛의 중심이다
세상의 온갖 맛을 바로 잡아주므로
맛 중의 맛이라 할 만하다 짜디짠 제 몸으로
비린 세상 구석구석을 씻어내고 절이지만
정작 스스로는 썩지 않는다
단맛, 쓴맛 싱거운 맛, 비린 맛을 보며
웃고 울다가 길손은 숨가쁜 여정에 오른다
제 몫의 소금통을 허리에 차고
고단한 길을 따라 땀내 나는 여정을
등 뒤로 지우며 앞으로 씩씩하게 나아간다
살아가는 동안 때로 땀은 보석이 된다
소금의 길을 영롱하게 비추는—

그대가 등에 지고 있는
한 바지게 생의 무게만큼
참으로 값진 빛나는 보석이다
누구에게 비록 헐값으로 거래되어
가장 낮은 사람의 가난한 식탁에 올라
주림을 달래어 흔적 없이 스며들지라도
중심으로 졸아드는 성스러운 일이다

바람은 한 점 물방울도 참지 못한다
바람의 농도는 늘 싱겁거나 짰지만
물의 살점을 끝까지 물어뜯는다
피둥피둥한 물의 몸집을 줄이기 위하여
쉬임 없이 바람이 불고 풍차를 돌리며
너절한 생애의 체적을 압축하므로
얼마나 단순한가!

여기 와서 보면 비로소 안다
땅에 바싹 엎디어 바람이 분다는 걸—
참으로 단순한 증거는 안으로 달려온 길,
오직 내부로 자신을 응결하여
직립으로 세우는 성스러운 노역!
소금은 바람의 고통스러운 역사인가?

때때로 푹 퍼진 죽처럼
일상이 마구 흔들리고 흐트러지면
누구나 여기 물의 문턱에 서서,

소금의 평전을 자세히 읽어보라

얼마나 자신을 단련하여
흔히 말하는 바람기를 빼놓는 지
졸아들 대로 졸아들어
어떤 다른 한 맛도 용납하지 않으려는
한 마디 고독한 선언,
단 한마디의 진실한 육필을 위하여
바람은 내부로만 달려왔으므로,
그 길에는 번민과 체념의 불꽃이 일렁이지만

보라,
마치 땅에 엎드린
사제의 서품식처럼 경건하구나
분분한 꽃처럼 투명한 절정!

얼마나 정결한 일생인지,

흐린 물살을 건너온
여행자의 마지막 숨소리인가?
맑고 투명한 결정은
지도에는 드러나지 않은 길에서,

한 알의 고통에 저장된 기억
오직 몸으로 써내려간,

소금의 고유한 영혼!

5. 은빛 족적

한동안 숲은 우울하였다
마른 빈 가지 위로 새들조차 깃들지 않았다
그리움처럼 바람만 간간이 스쳐지나갈 뿐,
누구든지 뿌리박은 곳을 떠나 객지로 떠돌지만
집으로 돌아갈 날은 기약할 수 없었다
떠나야 비로소 돌아올 수 있는
집은 늘 허기진 유령처럼
빈 채로 그 자리에 그대로 남아있을 뿐,
집은 지독한 역설인가?

한편으로는 안락하지만
다른 한편으로는 슬픔을 안겨주므로,

나무는 오늘도 하늘로 새 가지를 뻗는다
새들에게 거처를 내주기 위하여,
지친 새들이 앉아 쉴 수 있도록
지금은 비록 새가 날아들지 않을지라도

흔히 희망이라는 새는 당분간 멀리 있는 듯,
너무 간절하면 사막의 신기루처럼 보이는 것인가?
빈 바람만 절망처럼 펄럭일 때
그래도 살아내야 하는 이유는 있다
그토록 갈망하던 그리운 집으로
돌아갈 날이 얼마 남지 않았다는 사실에
위로받아 좋은 일이 아닌가?

뿌리처럼 얽혀 삶을 지탱하는
숲의 비밀을 눈여겨보노라면
모두가 지극하게 아프고도 장하다
여기, 소금의 평원에 서 있는 지금
저토록 매운 결정을 우리는 배워야 하리라
서로 보듬고 한 맛으로 어우러진
썩지 않는 정신,
단단하게 세워 올린 햇볕의 궁전,
일체의 군더더기를 쓸어버린
지금 새는 보이지 않는다

바람의 사원인가?

소금사막에서,

단지 새를 기다리다 지친
적멸의 시간만 날개를 펼친다
길게 엎드린 채 더운 입김을 토하며,

더욱 안으로만 달린다
여기 오면 세상의 속도는 무의미하고
헝클어진 생각은 불타오른다
남김없이 정화되어 흔적조차 사라진다

지금 새 한 마리가 날아든다
새는 자유를 모른다
갈망하지 않으므로 자유다
여행은 중심을 옮기는 일,
중심을 이동하여 온갖 생각을 지워버린다
누구라도 심연의 맨바닥으로 내려가
마침내 잃어버린 자신과 만난다
오랫동안 상실한,
낯선 자신을 만나고
통곡하던 그 자리 어딘가에 흐느끼는 소리,
그 태고의 숨소리를 찾아나선다
제 울음소리에 흠칫 놀라지만

아주 짧은 순간,
온전한 소금의 바다 위를 걷고 있는
자유로운 한 사람을 본다
바다를 미끄러지며 자신을 말리고 있는
바람을 기적처럼 만나는 것이다
이제 바람과 동행하며 세상 밖으로 나온다
투명한 눈빛으로 세상의 소금이 되어
우주의 배꼽을 느낀다
더욱 고독의 중심으로 들어가
배꼽보다 투명한 내부와 만난다

누가 고백한다

—지나온 삶은
억지로 구겨 신은 것 같은,
꼭 맞지 않는 신발이라고

불편하게 걸음을 떼며
지난 여정을 뒤돌아보지만
지나온 길마다 폐허의 울음 잔뜩 고여 있다
지도에도 없는 길을 지나는 길,
바람의 발자국은 이미 지워지고

딱딱한 해저의 맨얼굴이 저리 수척하다
균열이 심한 소금사막을 걸으며
바다의 년대기를 읽는다
얼마나 오래 빈 그물을 건져 올렸는지
시간은 백골이 드러난 몸을 바람에 내맡긴 채
거대한 풍경의 배후에서 현기증을 느낀다

비틀거리는 하얀 붓!
이것은 누구의 솜씨인가?

바람이 마른 붓을 마구 휘젓는 동안,

하늘가에 가득 노을을 친다
하루의 여백은 나그네를 위로하려는지
허공의 빈 잔에 포도주를 가득 채우고
불콰한 얼굴로 지상을 내려다보며
잠시 고단한 여정을 위로한다

애초에 정해진 길이 없다는 건
얼마나 불가사의한가?
새의 항로는 여전히 불투명하다
아직 가야할 끝은 보이지 않는다

저 멀리 삶의 돛대 하나,

가물거리는 한 점!

바람을 안고 바람을 맞는다
원색의 화폭이 무너지고
순백의 지평선이 일어선다
딱딱한 그늘의 무릎이 주저앉으며
땡땡한 햇살들이 쏟아져내린다
불화살의 세례인가?
등짝이 따끔거린다
시간의 채찍질은 무자비하다
고단한 하루가 또 이렇게 지나가는가?
이제 비로소 어둠이 내린다

소금호텔 안,
흐릿한 등불이 내걸리고
오늘의 마침표를 온전히 찍기 위하여
나그네는 걸음을 멈춘다
잠은 오지 않는다
밤은 두 손을 공손히 모으고
고개 숙인다 안식을 위하여 침실에 든다

하루를 닫는 인사를 나눈 뒤,
서러운 등불 아래
나그네는 편지를 쓴다

수취인이 없는 곳으로
아득히 흘러가는 순례의 길,
이제 꿈꾸는 시간인가?
만물이 어둠의 이불을 덮고
서로 경계를 지우는 성스러운 시간
너와 내가 스며들어 한 치의 틈도 남기지 않고
하나의 거대한 침묵이 된다

여행은 바람과 만나는 일이다
낯선 곳에서 새로운 바람을 만나
다시 스스로 낯선 사람이 되는 일,
집 없는 달팽이처럼
더러 시린 마음이 왈칵 몰려오면
축축한 더듬이로 세상을 더듬어 길을 찾는지

어느 순간,
자신의 이름마저 무의미하게 될 때
이제 집으로 돌아가든 외딴 곳에 머물든

가는 길마다 모두 길이 된다
길은 잘 보이지 않지만
분명한 건 아직도 살아있으므로
남은 길을 홀로 가야한다는 것—

내 앞에 펼쳐진 길은
누구도 대신 갈 수 없는 나의 길이므로
고독하게 맨발로 가야한다

달팽이는 길에서 울지 않는다
집을 버리고 아주 느리게 길을 가지만
젖은 생애를 말리며 뜨거운 눈시울로
온몸으로 사연을 쓰는 것이다

은빛 족적!

달팽이가 지나간 길 위로
은빛 사연이 찬란하다
정갈하게 써내려간 한 줄의 행서!
햇살에 반사되어 아롱지는 편지를 읽으며
누군가 듣고 있다, 남몰래
맨발의 나그네가 울고 있는 소리를!

길은 달팽이의 흔적인가!
집은 아직도 멀고 누구도
그리운 집에 당도하지 않았다
서러운 마음만 먼저 도착하여
고요하게 앉아 심연의 깊이로 흐를 뿐,
더 이상 남은 말조차 없으므로
더 이상 함께 울어줄 벗이 없으므로—

그래도 슬프지 않다
집은 그저 돌아가는 길
어딘가에 모습을 숨기고
먼저 떠난 나를 기다리는 것인가?
아주 느린 걸음으로 길은 쉽게 줄지 않는다
서둘러 기다리는 그리움!
그게 남은 희망이라면 삶은 여전히 잔인하다
그토록 잔인함으로 더 살아내야 하므로
아직은 남은 설움도 아껴야 하리라

아직 끝없는 길을 가야 한다
저 소금이 걸어온 길처럼
그냥 견디며 제 부피를 줄이는 일,
소금은 슬픈 생성의 비밀을 통하여

깨우친다 고통 속에서 눈물은 비록 짜지만
길에서 더욱 견고하게 일어선다
안으로 단련되어 빛나게 견딘다

직립으로 세운 성전!
밀교의 다라니를 독송하며 우리는
고달픈 삶의 여정에서 서로 위로한다
쓰러지고 넘어지면서도 손을 내밀며
기어이 일어설 힘을 얻는 것이다

소금성전에서,
따가운 등짝을 기어이 내주고 고삐를 당긴다
무겁게 걸리는 생의 무게를 지탱하기 위하여
남은 길을 위하여 힘을 쏟으며
줄지어 죽음의 캐러밴은 사막을 횡단한다
외로움을 홀로 곱씹으며
메마른 침묵의 길을 가야한다
삶의 척추에다 남은 길을 바싹 붙이고
바람이 내뱉는 신음이 걸릴 때마다
가쁜 숨을 몰아쉬며 우리는 황량한 길을 가야한다
지나는 하늘의 발자국마다 푸른 멍 자욱하고
고단한 행렬은 막바지 숨을 고르며

언덕을 넘고 계곡을 지나간다
지친 등짝이 헤져 허연 뼈가 드러날 때까지
노역의 길을 끝없이 지나간다

살아있으므로
그리운 집에 당도할 때까지—

해골이 되어서도 돌아가야 한다
집으로 가는 길,
그 얼마나 먼 길인지!

6. 지옥의 불기둥

불덩이가 춤을 춘다
이글이글 타오르는 지옥의 불기둥,
무자비하구나!
누구라도 이곳에 오면 말을 잘 걸지 않는다
사막에서는 말을 아껴야 하리라
마치 묻지 말라는 듯
열쇠를 잃어버린 대지의 아가리,
앙다문 채 오랜 침묵을 물고
하얗게 육탈하여 뼈를 말리고 있다
물기 없는 실어증 때문에 더욱 답답하고
산다는 일은 더 쓰리고 따가울 것이다

백태가 잔득 낀 혓바닥처럼,
깊이 병든 생애는 갈가리 찢기고
지치고 늙은 나귀는 눈마저 어둡고
축 처진 고삐는 때에 절어 남루하다
앙상한 등짝의 좌우에 다른 무게가 걸리는지

나귀의 방울소리가 허공을 가른다

소금의 비명!

뜨거움을 삼키고 뱉으며
혀가 타서 갈라지는 뜨거운 열기,
치열하다
나귀의 등짝이 잠시 출렁거린다
두 다리에 감당할 수 없는 무게가 걸리자,
비척거리다가 고꾸라지며 다시 일어선다
일어서면 쓰러지고 쓰러지면 또 일어선다
그게 살아가는 맹목적인 일이지 않느냐?
늙은 나귀는 대열을 지어 겨우 걸음을 뗀다

남은 여정은 더욱 힘들 것이다
처음 출발할 때는 그래도 가벼웠지만
시간은 갈수록 더 피둥피둥하여
점점 제 몸을 불리고 이제
감당할 수 없도록 버겁다

산다는 일은 견디는 것,

감당할 수 없는 고통의 무게조차
기어이 제 몸으로 떠받치며 가야하므로
직립하는 무릎으로 바들거리며
어차피 네가 가야할 길이므로
결코 그만 두지 못하지 않느냐?

안데스 산맥의 고원을 지나며
바람은 더욱 세차게 불어 풀을 눕히고
무심한 하늘가,
야생마 떼를 쫓는 듯 빠르게
갈기를 눕히고 구름을 몰고 간다
얼굴이 할퀸 바위들 어깨를 밀치고
아슬아슬한 외줄기 길을 따라
거대한 벼랑이 되어 버티고 섰구나!

인디오 전설에 나오는
바람의 용사!

무지막지하게
낯선 침입자를 밀어낸다
저 세상 밖으로 추방하려는 듯
산악의 품을 꽉 여미고 좀체 보여주지 않는다

제 두 다리로 버티며 서있는 일조차,
예전에 이렇게 힘든 줄 알았을까?
원경을 당길수록 풍경은 더없이 쓸쓸하고
나그네는 쉽사리 발걸음을 내딛지 못한다

풍경은 단순하고
혹독하므로 더 아름답다
덧붙일 것 없는 저 자세가 아찔하다
소금의 반가사유상!
침묵의 턱을 괸 그 무릎 아래,
하얀 적멸의 새 한 마리
막 창공을 박차고 오르는가?
군더더기가 배제된 최소한의 색,
기교라고는 찾아볼 수 없는 순수한 화풍인가!
화가는 지상에서 그릴 수 없는
단 한 폭의 풍경을 막 끝내고,

지옥의 문으로 들어갔다

마지막 붓질!

고요의 색깔을 올리는 시간,

해 질 무렵 마른 붓질이 예사롭지 않다
지상에서 막 비상하려는지
시야가 닿는 저곳은 하늘인가, 땅인가?

붓을 던진다

날개가 펄럭인다
지상은 온통 하얗고
하늘은 사파이어처럼 푸르디 푸르다
서로 반사하여 세상에서 가장 큰 거울이 된다
너와 내가 스며들어 하나가 된다
가끔가다 구름이 내려앉으며
물담배나 피우고
한가로이 연기를 토해내지만
꿈결인 듯 모든 것은 정적 속에서,

흔적조차 없이 사라진다
새가 허공에 파묻히고
마른 날개가 주저앉는다
새의 늑골이 뼈보다 하얗다
사람도 한 점 소금의 결정처럼
흔적 없이 녹아 사라진다

절대고독!
혀조차 안으로 말리고
일체의 언어는 지워진다
차마 불러내지 못한 말을 삼키자
성대가 찢어지고 생각은 흐리다

물의 앙금, 그 부스스한 잔해들!

하얗게 질린 공포인가?
햇살과 물의 교향악이 장엄하다
오직 태양의 노역만으로 대지는 불타오르고
메마른 입술을 적시느라 바람의 혓바닥은
온통 열꽃이 솟아오르고
살갗은 갈라터진다
여기 오면 희미한 것은 분명해진다
나를 흐리게 한 것들!

이제까지 살면서
때로 비겁하지 않았는지 살펴볼 일이다

나는 지금 결단한다—

비겁함은 부끄러운 일이지만 속이려고 하지 말라
멀찌감치 서서 피하려 하지 말고
바싹 붙어 몸싸움도 각오하고 덤벼라
치열하게 싸우다가 비록 깨질지라도
잠시도 머뭇거리지 말라
이제 바로 그 시간이 다가왔다

방랑을 끝내고
집으로 돌아가는 길,
남은 길은 나를 꿰뚫고 지나가리라!

누구라도 그냥 지나가라
나그네는 나그네일 뿐,
입 다물고 그냥 눈으로만 보고
서러우면 마음이나 다독이고 가라
그대 발 아래 잠긴 끔찍한 우울도 보고
그대 안타까운 그리움도 다스리며,

희망하는 자는 더욱 희망하고
절망하는 자는 더욱 절망하라
끝까지 가보면 보이므로
굳이 애쓰려거나

억지로 꾸미려고 하지 말라
고통조차 친구처럼 맞이하되
결코 등지지 말라

그대 뼈 속까지 내려가라

있는 그대로 두고
그대 등 뒤에 두고
뒤돌아보지도 말고
그냥 모두 두고 떠나가라
누구나 오래도록 제 안에 간직한
숭고한 결정 한 점만 생각하라

삶의 날카로운 모서리에서 만나게 되는
지독하고 끔찍한 우울을 게워내지 못한
그런 시간들조차 얼마나 소중한지
그러므로 뜨거운 열망으로
혼백이 되어 하얗게 서린,

소금의 일생을 성찰하라
결정이 되어 빛나는 저 높은 경지를!
그저 바라보고 저 안으로—

그대여,
저 소금의 시간 속으로
홀로 걸어 들어가라

7. 연두빛 빈혈

한동안 무척이나 아팠다
풀리지 않는 응어리를 안고 뒹굴다가
잠시도 바로 서있지 못할 만큼
싹을 틔우지 못한
연두빛 빈혈에 시달렸다
세상의 여러 빛깔들은
꽃무늬로 내게 다가왔지만,

내게 따뜻하게 말을 건 시간
단 한 순간도 없었다
꽃 한 송이조차도
나의 세계 밖에서만 의미를 찾았으므로
나와는 무관하였다 나는 한 마리 들개처럼
초원을 어슬렁거리며 빈사의 상태에서
붉게 타오르는 노을을 향하여 욕을 퍼부었다
나의 문장은 느낌표나 쉼표 없이
무표정하게 지나가고 우울한 하루는

마치 부록처럼 거추장스러웠다
나는 이미 죽었고 세상조차 이미 떠났다
얼마나 오래 죽은 듯 잠들어 있었는지
나중에야 알았지만,

잠든 그곳—

바로 꽃의 멍이었다니!

끔찍한 허공!
그치지 않는 바람의 딸꾹질을 들으며
나는 어느새 늙어가고 자주 목메었다
손을 대면 곧장 사라지는 환영처럼
나를 구원할 수 있는 건
이 세상에서 오직 나였으므로
길 없는 길 위에서 멈추지 않고
떠나는 일이 익숙해질 때까지
나는 한갓 방랑자가 되어
나를 아무데나 떠나보냈다
아무 말 없는 길을 못살게 괴롭혔다
먼저 떠나버린 나를 뒤쫓아
나는 길을 떠났지만,

아직까지 나는
나를 만난 적이 없다
앞으로도 영원히 그럴 지 모르겠다
때로 삶은 뒤통수를 긁적이며
내게 미안한 듯 악수를 청해왔지만
나는 선뜻 그 손을 받지 못하였다
어색한 미소로 나는 그늘의 뒤로 자주 숨었다
이제 소금의 지평선에서 나는 노래부른다
찬란한 슬픔을 마음껏 내뿜으며 하얗게 웃고 있는,
한없는 너그러움 앞에 엎디어 입맞춘다
그토록 견고하던 시간의 정강이뼈가 녹아
가장 낮게 주저앉은 저 겸손함 앞에
무슨 말로 나를 변명할 수 있겠는가?
또 누가 감히 누구를 용서할 수 있겠는가?

세상은 쥐떼들로 소란스럽고
이빨을 가는 짐승들로 난잡하지만
여기는 바스락거리는 소리조차 시끄럽다
오직 들리는 건,
바람의 길을 따라가는 염호의 물소리
침묵보다 낮게 흐르는 소리

누가 너를 가질 수 있겠느냐?

가지려고 하는 그 순간,
와르르 무너져내리며
한없이 미끄러지는 투명한 죽음들!
백지 위에 물로 써내려간 비명을 읽지만
저토록 정결한 평생을 어찌 읽어내랴!

어린 인디오가 건초를 먹이는 동안
바람을 읽는 나귀의 방울소리 경쾌하다
부끄러운 마음의 아궁이에
벌건 숯덩이가 활활 타오르며
석양을 따라 길게 흐르고 있구나
하루의 끝자락을 하늘가로 펼치며
노을은 부끄러움을 숨겨주려는지
발갛게 익은 수줍음처럼
나그네의 마음도 덩달아 따뜻하다
원경 너머 서서히 내리는 밤의 창문,
마음의 여울도 숨죽여 흐르고
소금 호수의 물소리도 이제 잠잠하다
흔들리는 모든 것은 이곳에서
남은 물기마저 내뱉는다

은밀한 속삭임들,

제 몸 안에다
물의 지문을 한없이 새기며
견고한 격자처럼
제 안을 말려 물무늬들은 굳어간다

소금의 대평원!
침묵보다 낮게 누워있구나
여기에서는 차라리 말문을 닫는 게 낫겠지
몇 장의 우스꽝스런 사진이나 찍으며
우리는 누구도 떠들거나 함부로 어울리지 않았다
홀로 저만치 떨어져 허공을 거닐거나
먼 하늘의 포물선을 한껏 잡아당겨
거추장스러운 고삐조차 놓아버린다
마침내 바람도 놓아버리고
단 한 마디도 건네지 않았다

꾹 다문 입술!
초점이 잘 잡히지 않는 먼 풍경,
간간이 입꼬리가 올라가면 다시 짠 물을 게워내고
더욱 뽀얀 피부로 제 몸을 불리고 있는

저 불가사의한 소금 사원의 제단에 엎드린다
억겁의 시간동안
안으로만 달려 응결한 정채의 화신들!

불어난 물을 토하며
한 점 남은 물기도 말려
영롱한 법열의 사리를 남겼구나
지독한 선방에서 열반을 꿈꾸며
빈사의 경지에 오른 성자처럼
주체할 수 없는 저 백골의 묵언을
누가 감히 말할 수 있는가?
염장을 지르는 그 어떤 한 마디도
다 쓸 데 없는 말에 지나지 않으므로
오직 침묵으로 축복의 눈짓만 날린다—

다만 이 세상을 지나갈 때,
비록 쓰리고 짠 걸음일지라도
그대, 노곤한 여정이 부패하지 않고 빛나기를!

시간의 부스러기들,

뒤돌아보면

나의 청춘은 따뜻하지 않았고
분노의 벌판에는 그칠 줄 모르고 눈발이 날렸다
집을 뛰쳐나와 다른 세상을 동경하며
세상과 겉돌며 홀로 떠돌던 아픈 시절,
나는 고백한다 뒤늦게
꿈은 무참히 짓밟히고
지나온 길은 온통 폐허였으므로
늘 허기진 짐승이 길에 웅크리고
외로움은 지독한 병이었음을,

나는 넋 놓고 바라본다
하루가 저렇게 황홀하게 죽는지,
노을을 배경삼아
하루, 하루,
유서를 쓰는 저 거친 산줄기!

높이 오르는 길이 아니라
깊이 드는 길을 찾아서
그 길을 지나가며 경건하게 엎드린다
길게 이어지는 바람소리를 들으며
귀를 갖다댄다 심연의 속삭임인가?
가슴을 뚫고 지나가는 허허로운 휘파람소리,

길 잃은 한 마리 짐승인가?

백색의 공포를 물고
누운 소금사막!

광기의 붓으로 노래하는
너는 도대체 누구냐?

지금 오물을 왈칵 쏟아내는,

8. 늙은 인디오

산비탈에는 드문, 드문,
감자밭과 옥수수밭이 비스듬한 기울기로
서너 채의 오두막을 손짓하며,
드러누워 있다

거친 땅에 드러난 시퍼런 정맥,

햇살의 수혈을 받으며—

무료한 정경이다

콜차니 마을에서 지친 걸음을 쉰다
깊은 주름 패인 치파야족 원주민 노인의 얼굴,
마치 계곡이 할퀴고 간 물길을 닮았다
늙은 인디오의 등이 구부정하다
고달픈 삶의 언덕을 넘으며
나귀가 늙어가듯 걸음은 비틀거리고

자주 등짐이 쏟아지는 노을의 시간,

이제까지 지탱하던 무게가 버거운지
산기슭을 깎은 밭둑길을 힘겹이 지나간다
나귀의 등허리 양쪽에 걸린 소금포대가 터져
벼랑 아래로 마구 쏟아져내린다
늙은 인디오의 다리가 비척거리다가
재빨리 아래로 미끄러진다
나귀의 고삐를 바싹 당기는 만큼
생활의 중심이 잘 잡히지 않는지
비탈진 삶은 쉽게 무너져내리고
산다는 게 그리 만만하지 않을 것이다
위태로운 삶의 고삐를 당기듯
손아귀에 힘이 잔뜩 들어간다
"올라, 세뇨르!"
눈가 잔주름이 인상적인 인디오는
서툰 인사에 엷은 미소로 대답을 대신한다

위태로운 소금의 길,
수척한 나귀는 그의 오랜 길동무다
오두막에서 가난한 하루를 기다리며
인디오 아내는 아득한 산줄기를 응시한다

키가 작은 그녀의 눈길 아래
희미한 길이 더욱 어둑하다
옅은 산의 그림자가 저만큼 몰려오며
마을의 모가지가 잠길 무렵,
아득하게 산기슭을 돌아나오는 방울소리
남루하던 길이 문득 사라지며
이윽고 날이 저문다

황량한 절벽,
남은 햇살에 부리가 번득이고
날카로운 발톱을 바위에 다듬으면
먼 시야를 힘껏 끌어당긴다
하늘가에 빙빙 돌던
콘도르 한 마리,
홀로 바위산 꼭대기에 올라
날개를 퍼덕이며 깃털을 다듬는 동안
허기를 채우기 위하여 낮게 내려앉았던,

부근 깎아지른 산줄기마다
붉은 노을이 장관을 연출한다

안데스 고원의 황량한 바람에는

잔뜩 소금기가 배어있다
무표정한 대지 위로 모처럼
긴장의 소름이 돋고 아슬아슬한
절명의 눈초리가 뒤를 주고 말았다
쏜살같이 내리꽂는 부리와 발톱,
야생 토끼의 털이 날리며
찢겨진 가죽 아래 살점이 물어뜯기고
내장이 쏟아지며 뼈가 드러난다
피 묻은 콘도르의 입가,
붉은 햇살이 흥건하다

목숨이 걸리는 찰나,

치명적인 약점을 공격하기 위하여
산 것은 모두 다른 삶의 목덜미를 꽉 물어뜯고
마구 흔드는 것인가?

산기슭에 엎드린 집들,
소금 포대처럼 아무렇게나 듬성듬성 있고
남은 한 줌 햇살도 아끼려는지
젖은 물기를 한껏 털어낸다
소금과 살아온 아득한 길,

작은 고요 몇 점 옹기종기 서려 있다가
희미하게 시야에서 사라진다
내세울 것 없는 산골짜기
점점 작아지는 오두막 근처,
하루 저녁의 안식을 위하여
환하게 등을 밝혀주려는지
푸른 밤하늘에 쏟아지는 따뜻한 별들
더 가깝게 내려앉으며 축복이라도 하는 걸까?

샹들리에가 찰랑거리듯
밤하늘에 맑은 소리를 내는
별들의 불꽃잔치 눈부시구나 달이 산책하는
이리 외진 천지가 고요로 충만하다
가파른 기슭은 기침도 하지 않는지
오직 소금의 노역으로 연명하는
인디오의 간결한 삶이 담백하다
너무나 단출하게 꾸린
여분 없는 살림살이가 너그럽고 순하여
아직 덜어낼 짐이 많은 나는 오히려 부끄럽다
여기서 순례자들은 기꺼이 짐을 벗는다
편리하다는 핑계로 몸집이 불어난 탐욕들
여기 와서 쉽게 부리지 못한

마음을 한 꺼풀 벗겨내고
다시 떠나야할 길에는
좀 더 가벼워지기를!

게스트하우스에는 하루 밤을 빌린
여행자들의 웃음소리가 가깝게 들린다
새벽에는 무겁지 않은
풀 잎 몇 점,
바람을 뒤집고
이슬을 머금은 채 조는 듯 누워있다
얼마나 빛나는 풍경인지
먼지 한 점 찾을 수 없는 청명한 나날,
소금 베개를 나지막이 베고
이리 편안하게 누울 수 있다니!

하늘 높이 두 손 흔들며
공허함을 달래는 건 터무니없는 짓일까?
지난 날, 천사의 날개는 부서지고
지옥의 시간은 너무 끔찍하였다
잠자는 동안 내가 꾸었던 악몽들
날마다 모래를 씹으며
목마른 사막에서 물을 찾았지만

갈증을 재울 오아시스는 어디에도 없었다

방금 지친 발걸음이 먼저 당도하였다
먼저 떠나온 시간을 붙들고 잠깐
원주민과 가벼운 농담을 나누는 사이,
휘리릭, 돌풍이 불며 모자를 날렸다
좀 더 정확하게 말하자면,
생각은 모조리 빠져나가고
머리 속은 텅 비어 멍멍하다
말짱 비운다는 건 얼마나 황홀한가!
전생에는 집시의 영혼이었던가?
어느 한 곳도 뿌리박지 못하고 떠돌다가
울분과 참혹에 찢겨진 나날에 대하여,
고통스럽다고 쉽게 말하지 말라
당사자가 아니라면
그 누구라도 함부로 입 열지 말라

그저 한 잔의 술이나 마시며
오늘 밤은 맘껏 취하기로 하자
취한 길이 비틀거린다

여행은 종종 비틀거림이다

혹은, 멈칫거림이다
그러므로 낯선 어법을 좋아한다
뜻은 서로 통하지 않지만
짐작으로 알아듣는 말,
혹은 가슴을 후벼파는 안타까운 여운인가?
도시는 이빨을 드러내고 으르렁거린다
맹수처럼 무자비하고 냉혹하기만 할 뿐,
밤마다 우울한 불빛을 쏘아대며
연약한 짐승의 망막에 파고들었다
붉은 핏자국이 마를 날 없는
한 몸 숨길 데 없는 무자비한 도시의 숲,
빛의 포로가 되어 불면의 밤을 보내야 했다
습관처럼 수면제를 입에 털어넣고
설핏 잠들었다가 가위눌린 채
깨어나면 허전하던,

끈질긴 악몽 몇 알!

불안은 늘 누군가의 친구였고
저주처럼 증오의 멱살을 잡고 흔들었다
멈추지 않는 폭주기관차처럼
똑같은 일상의 레일 위를 지루하게 달리지만

전망은 늘 소실점 밖으로 사라졌다
도시는 문명의 친구인 체 하지만
진실로 말하면, 단지 자연의 적일 뿐—

비린 총구를 겨누고
누군가의 심장을 저격하기 위하여
음산한 웃음을 낄낄거리며
곳곳에서 익명의 적의를 향하여
저격의 틈을 노리는 탐욕의 눈초리들!
울창한 분노를 키우는 도시의 숲,
누군가는 쓰러져
피 흘리며 먹이가 될 뿐,

순례자는 중얼거린다
홀로 묻고 홀로 대답한다

—그는 사랑을 몰랐으므로
늘 배가 고팠다 빈사의 상태로
하늘을 저주하며 자주 침을 뱉었다
살아온 날은 축복이 아니라 울음이고 신음이었다
폐허를 두르고 폐허를 파먹으며
허기를 채우고

허공의 몸집만 불리다가
누군가는 서서히 죽어가고
누구도 살아있다는 느낌조차 없었다

어느 날,
그는 끝나지 않을
지긋지긋한 전쟁을 끝내고 싶었다
아니다,
다시 싸움을 시작하기로 하였다 그는 외쳤다!
오직 그만의 방식으로 스스로 다짐하며,

그래, 차라리 살자!

살아내자,

죽을힘으로 딱 한번!

그의 폐허는,

그가 사랑한 유일한 거처였으므로
적빈의 아픔으로 다시 말을 걸며
폐허의 길을 저쪽으로 밀어내며

낯선 길을 당기기 시작하였다
길이 다가오며 두 손을 내밀었다
덧난 상처를 어루만지고
폐허를 아주 조금씩 뜯어먹으며
그는 겨우 고독의 옷깃을 세울 수 있었다
잘못 끼운 첫 단추를 애써 외면하고
어깃장을 놓는 농담도 자주 하며
점점 뻔뻔하게 살아남았다
이제 지친 그는 헝크러진 필적을 사랑한다
폐허의 마지막 문 앞에 서서
하늘가 잇닿은 대지를 걸으며
길을 한껏 마신다, 그리고 외친다

—나는 여기 왔다!

숨 쉬며 여기 살아있다
오래 고여 있던 썩은 공기를 토하며
그 안에 재어있던 오물을 몽땅 게워내자,

얼마나 개운한가?

이제 비로소

숲의 시계는 고요하다
째깍거리는 소리는 죽고 제 소리에 흠칫 놀라
자주 걸음을 멈추고 내면을 응시한다
숲에서는 끊임없이 시간이 흐르지만
고요가 고요답게 고여 있다

고요는 어디서나 깊게 흐르며
하늘에 비친 사람의 가슴속에 물길을 낸다
낮게 흐르는 동안 마음을 같이 눕히고
부드러운 손길로 쓰다듬는다
순한 새끼처럼 그는 숲의 아들이 되어
끔찍하게 뒹굴었던 폐허를 지운다
이제 피곤한 걸음을 멈추고
제대로 바라본다
마음의 호수에 비치는 짐승의 모습!
흐르는 물가에 가만히 흘러보낸다

—잘 가라, 지난 청춘이여!
그리고 힘든 폐허의 신음이여!

그는 비로소 세상으로 나와
숲을 제대로 이야기하기 시작한다

숲의 내력!
한 마디로는 부족할지 모른다
세상의 모든 말을 끌어올지라도
도저히 다 말하지 못한다
그래도 그는 이제부터 숲을 말하기 시작한다

풀과 나무와 새,
바위와 산과 바람,
그리고 하늘과 미처 말하지 못한,
그 뿌리의 근처에 도달하지 못한 것에 대하여
경건한 마음으로 기도를 바치듯
그는 소곤거릴 것이다

처음에는 누가 알아듣지 못할지라도
아주 천천히 더듬더듬 숲을 말하기 시작하고
서툴겠지만 귀환하는 날을 호명하며
그만의 이야기를
아주 부끄럽게 꺼내게 될 것이다
그리고 그는 숲의 품으로 돌아가
온전히 스며들어 한 그루 나무가 될 것이다

9. 풍경의 장난

여기는 태양의 신전!
짐은 태양의 아들로서
눈길 닿는 저곳까지 영토를 선포하노라
누구든지 축축한 맨발로
걸어 들어오는 자는 살 것이오,
문명의 무기를 지니고 잠입하는 자는
가차없이 쳐버리리라
자, 와서 엎드리고 성스러운 대지에 키스하라
그것은 짐에게 복종한다는 의미이므로
기꺼이 너그러운 자비를 베풀어
그대의 허물을 묻지 않고 용서하리라

이 땅은 불타는 용광로!
해골의 노래가 들리는 바람의 계곡
오직 태양만이 지배하는 신성한 곳,
그러므로 소금의 문에 들어오는 자는
어느 누구라도 벌거벗고 들라

온갖 쓰레기 같은 가식을 벗어던지고
부디 민낯으로 맨발로 들어오라
버겁거나 쓸모없는 짐은 다 부리고
가장 가벼운 영혼으로
가장 낮은 자세로 들어오라
그러면 쓰라린 상처와 회한,
그대 울분과 악몽을 모두 없애주리라

나는 태양의 후손,
그러므로 그대들은 나의 신하로서
기꺼이 태양의 부족이 되어 이 땅에 살라
여기 이글거리는 햇살의 발코니에 기대어
참된 인생의 맛을 보게 되리니 그대는 복되리라

보라!
이곳 소금의 정원에는
온갖 꽃과 새들조차 모습을 숨기지 않느냐?
이 땅의 지엄함과 성스러움으로
그 어떤 저울도 한갓 티끌에 지나지 않는다
빈천과 내외와 상하와 좌우가 사라진 곳,
바람의 허영은 물러가라 공허한 메아리들!
그 깃털조차 용납하지 않으므로

지극히 자유롭지 않느냐?

모든 것을 녹이는 용광로처럼
안으로 축축한 생애를 바싹 말려
보석처럼 빛나는 삶을 일으켜 세우는
저 불멸의 말씀을 찬양하라
그늘은 물러가라 황홀한 태양 아래
오직 지상의 즐거움을 누리다가 가라
자유와 적멸을 노래하는 여기,
누구라도 평화를 얻어
안식을 누리게 되리라

여기는 태양의 제국!
허망한 것을 쓸어버리는 황금의 신전,
빛의 기둥으로 떠받치고 있는
이 성전이야말로 무너지는 날 있으랴!
영원하라! 그대들이여,
해골이 되어 신의 옆구리를 뚫고 들어가
그대의 비명을 손수 새길지라도
해는 여전히 지칠 줄 모르고 성전을 비추리라
한 줌 재가 되도록 바싹 구워
영혼이 보석처럼 빛날 때까지

그대를 단련시키리라

지금 여기,
태양의 위대한 업적을 바라보려는 자,
그 누구라도 겸손하게 내부로 들어
자신의 심연에 흐르는 물소리를 듣고
햇볕에 그대의 남은 내부마저 말리기를!
그리하여 마침내 그대를 온전하게 세우기를!
한 점 소금의 결정처럼
그대 내부로 드는 가장 낮은 물의 길에서
네 이웃을 사랑하라
네 몸인 듯 마치 물의 몸을 꽉 보듬듯,
남은 시간은 그대를 더욱 사랑하라
오직 한 맛으로 만나 서로 스며들라
비록 짧은 순간이지만
사랑하다가 죽어라
그리하여 후회없이 이 땅을 지나가라

한 폭의 데칼코마니인가?
희고 푸른 두 가지 빛깔,
물감의 장난질 예사롭지 않다
위 아래가 겹친 풍경의 장난,

신의 한가로운 솜씨인가?
너무 심심하여 물감 두어 방울
시간의 튜브에서 쭈욱 짜내어
그대로 반으로 접어 찍어낸 것일까?

팽창하는 우주의 뒷골목,
외계의 혹성에서 끌어온 풍경인 듯
비현실처럼 착각을 불러오는 곳,
다시 아래 위를 뒤집어보아도 똑같구나!
완벽한 대칭의 화풍이 지겹기도 하지만
어금니 꽉 깨문 듯 극한의 절제를 통하여
새는 날개를 활짝 펼치고 있지 않느냐?

불멸의 새 한 마리!
나스카를 향하여 날아가려는가?
불가사의한 시간의 장난질,
간간이 화면에서 꼼지락거리는 건
점점이 박힌 짐승의 발걸음들,
여행객이나 원주민 인부들,
그리고 야생당나귀와 낡은 트럭이 전부다
짐승이 낸 비탈진 길을 따라
사람이 따라가다가 처음 마주친

노곤한 여정의 끝자락에서 보는,

거대한 저주인가?

정물처럼 고여 있는 시간의 늪,
군데군데 심심풀이인지 실수인지
산봉우리 두엇 조리개를 당기다가 만다
퍼질러앉아있는 소금벌판
축축한 소금더미들,
물기를 빼며 젖은 몸을 말리느라
햇살에 벌거벗고 웅크려있다

거대한 어항 속!

소금호텔 근처,
옹기종기 모여 있는 원주민 몇
햇살이 잘린 그늘에서 헐떡거린다
어항의 금붕어처럼
겨우 수면에 입을 삐죽 내밀고
거친 숨을 몰아쉰다
인디오의 갈빛 피부가 햇살에 익어 번들거린다
어항은 너무 투명하여 반사되고

푸르른 빛깔이 뒤섞여 온통 하늘빛이다

바람처럼 떠돌던 시절,
마음의 빗장을 닫아걸고
노숙의 굶주림으로 너는 괴로웠다
아주 모처럼 집을 찾았을 때에도
집에는 햇살 한 줌도 들이치지 않았다
창문조차 없는 어둠 속에 갇혀
너는 우울의 씨까지 파먹었다

너의 전과는 찬란하다
미처 다 기록할 수도 없을 정도다
도덕이나 양심 따위의 말은 사전에만 있을 뿐,
너의 머릿속에 든 어휘 창고에는
낯선 진귀한 이방의 말들 뿐,
이 세상의 말 같지 않은 소박한 낱말은
너와 아랑곳하지 않고 오직 안으로 내달리며
점점 피투성이가 되어갔다
무너진 가슴을 쥐어뜯으며
허공에 알 수 없는 한숨과 신음으로,

한 노예가 노래를 불렀다

너의 고통스러운 노래는 거센 파도를 넘고
미지의 대륙에 닿아 하얀 뼈만 수북이 부려놓았다
저 염호에 쌓여있는 소금무더기처럼—
두 손발이 묶이고 무릎 꿇린 채
네 젊음은 검은 바다 속에 수장되었다
눈에 암울한 두건을 뒤집어쓴 채 결박당하고
세상의 바다는 너를 삼켰다
거친 파도가 너를 삼키자
너는 어둡고 울퉁불퉁한 길을 지나게 되었다

고래의 뱃속에서 너는
다른 온갖 새우나 물고기와 함께
비린내와 뒹굴며 서서히 너를 녹였다
네가 녹아 죽처럼 고이고
너는 고래의 눈을 통하여
비로소 한 줄기 빛을 바라보았다
대양의 아득한 수평선에 내리 쏟아지는
저 태양을 보고 소스라쳤다
무섭기도 하고 눈부신 저 햇살의 폭우,
그 속에서 너는 차마 눈뜨지 못하였다
너는 고래의 수염을 타고 나와 가끔 노닐다가
저녁이면 고래의 내장 속에 파묻혀

비로소 편안히 잠을 이룰 수 있었다

얼마나 오랜만에 꾼 꿈이던지,
너의 안식은 역설이지만 죽음으로 완성되고
다시 죽음을 통해 푸른 바다 밖으로 뛰어나왔다
어느 봄날의 산책이던가!
하늘은 푸르고 파도는 잠잠하였다
그리고 다다른 모래톱에서 너는 바라보았다
생명의 노래가 충만한 낙원을!
끊어질 듯 이어진 숲 길을 걸어나가
너는 신과 만나 처음으로 땅에 엎디어
너의 잘못을 고백하였다

신이 나에게 말하였다—

너의 피로 너의 죄를 씻어라
하늘을 원망하지 말라
오직 네 길을 가라,
네 운명을 거스르지 말고
너를 똑바로 보고 너를 나침반 삼아
너의 길을 홀로 뚜벅뚜벅 걸어가라
네가 주인공이므로 무대 위에서

주눅들거나 너를 두려워하지 말라
혹시라도 대사를 잊어버리거나
지문을 기억하지 못할지라도
당황하거나 쓸데없는 말을 하지 말라
그때가 오더라도 오히려 침묵하라
오직 네 말과 움직임과 네 느낌으로
너의 무대를 완성하라
아주 사소한 손짓이거나 작은 발걸음일지라도
숭고한 뜻과 더불어 네가 맡은 역할에 충실하라

무대는 네 안에 모신 너의 신전이다
따로 나와 같은 신을 모시려고 하지 말라
억지를 부리지 말라
그리고 네가 곧 진리의 아들이므로
결코 밖에서 다른 아비를 구하여
간청하거나 의탁하지 말라
세상에서 굳이 궁극의 신을 찾지 말라
그리고 따로 기도를 구하지도 말라
네가 하늘을 올려다보며 갈구하던
신은 이제 지상으로 내려올 수 없다
하늘과 땅은 이제 너무 멀리 떨어져있다
누구라도 광기의 순간이 몰려오면

그냥 땅에다 입 맞추고 더욱 낮게 내려가라
뼈 속 끝까지 철저히 내려가라
그래서 그대 소금의 밀실에서
마지막 기도문을 써라
그리고도 남은 시간이 있거든
비밀스럽게 홀로 네 길을 내며
세상이 흘러가듯 아주 간결한 유서를 쓰고
마지막 시간을 경건하게 맞이하여
숭고한 소금의 일기를 읽어보라
이해할 수 없는 생성의 비밀을 좇기보다는
그냥 그대가 길이 되어 떠나라
이제 여행은 곧 끝날 것이므로
한 점 아쉬움도 네 뒤에 남기지 말라
덧붙이자면, 절대로 뒤돌아보지도 말라

지상의 마지막 하루,
여명에서 노을까지 고독한 여행을 즐겨라
굳이 밤 동안 애써 너의 잠을 떨쳐내려고
악을 쓰지 말고 안식에 들라
누구도 대신 가지 않는 네 길을 홀로 걸어가라
비록 쓰라린 고통의 길일지라도
사랑하며 아끼며 가라—

시간은 마법의 양탄자!
하늘이 내려와 대지를 흔들자
세상은 출렁거린다
인간은 얼마나 왜소한가?
참으로 보잘 것 없는 찰나의 생애!
요약하면 본문은 실종되고
겨우 마침표 한 점에 불과하지 않은가?
너는 절망 앞에 엎드려 얼마나 통곡하고
세상을 향하여 삿대질하며 욕을 퍼부었던가?
그게 더 슬프고 우울하므로
시간은 늘 너의 몸을 매달고
희롱하는 또 다른 족쇄였다
열쇠가 없는 갈고리에 걸린 채
얼마나 깊은 나락에 떨어졌는지
악마의 아가리에서
얼마나 허우적거렸는지
허우적거릴수록 더욱 깊이 빠지는 늪처럼—

너는 울음이었다
슬픔의 귀는 듣지 못하였고
우울의 눈은 보지 못하였으므로
세상은 너와는 거꾸로 가는 괴상한 짐승이었다

너는 슬픔을 가득 채운 열기구를 타고
아래를 내려다볼 수 있었다
너무 아찔한 높이에서 너는 두려움에 떨었다
솟아오르는 불기둥으로
열기구는 점점 높이 떠오르고
잠깐의 환희조차 열정에 녹아 사라져버렸다

저기 아래,
질펀한 삶의 염전을 보라,
뙤약볕 아래 써레질하는 노동의 간결한 모습을!
곡괭이와 삽으로 소금덩이를 캐는
염부를 바라보라

축축하고 쓰라린 생애!

늘 맨발로 발목이 잠길 때까지
고된 노동을 하는 수행의 현장을!
저토록 경건한 성자의 모습을 바라보라
누가 저 앞에서 고통을 아무렇지도 않게
쉽게 말할 수 있겠는가?
그러므로 고통에 대하여
자신의 몫이 가장 크다고 쉽게 말하지 말라

세상 사람들 모두 제각각 제 몫의 아픔으로
오늘도 짜디짠 소금의 경전을 읽지 않느냐?
날마다 펼쳐놓고 읽어야하는,

말씀의 한 구절!

기억하고 기억하라!

은빛 대지 위에 새기기 위하여,

하늘에 걸린 태양은
얼마나 가혹하게 자신을 태우는지,
저리도 혹독한 기울기로 대지를 담금질하며
모진 계절을 채찍질하는지,
네 몸을 이글이글 태우는 저 뜨거움조차도
뜨겁게 껴안으라—
뜨거운 삶의 모루 위에
벌겋게 달군 너의 생애를
힘껏 내리치는 신의 망치질을,

마침내 보라,
여기 와서 두 눈뜨고 보라

고된 노동으로 일어서는 빛나는 왕국!
소금호수에서 삶을 담금질하는
저 염부의 종아리와 어깨 위에 쏟아지는
햇살의 세례를 위하여
너는 좀 더 낮아져야 하지 않겠는가?
그러므로 저 앞에 서서 진실로 고해하라
제가 지고 온 고통의 무게를 스스로 내려놓고,

이제 백금처럼 빛나는
소금의 신전에서

그대 가슴에 굳게 친 빗장을 벗기고
오직 곡괭이와 삽으로
그대 생명의 땅을 가꾸어라
그대가 져야할 소금의 무게를 환산하여
몸소 져 나르고 그 고통을 통하여
그대의 길을 뚫고 지나가라

10. 태양 왕국

—너는 태양의 신민,
짐은 너에게 명하노라
이제 마지막 기회를 줄 것이다
너의 지난 과오와 허물을 변명할 시간이다
지난 시간은 떠났다 오늘은
네 일생 가운데 가장 늙은 시간이다
그러므로 다 말하라

—왕이시여, 하늘의 제왕이여,
그동안 당신은 자비롭지 못하였나이다
제게 시련을 주시고 모른 체 하였습니다
유독 못나고 천하며 가련한
이 백성에게 너무 무자비하였습니다

—그렇지 않다,
나의 하늘은 사랑이다
누구에게나 자비롭고 공평하였느니라

더하거나 덜하지도 않고
나의 자비와 은택의 햇살이
세상 구석구석에 골고루 비추었느니라

—왕이시여,
대지는 너무 춥고도 모질었습니다
가난한 마음을 눕힐 한 뼘 땅도 허락하지 않고
평생 소금 짐을 퍼나르며 뼈 빠지게
노역으로 인생을 보냈습니다

—어리석은 백성이여,
그게 너의 일이지 않느냐?
태양의 신민으로 마땅히 너는
네 할 일을 하였을 뿐,
그건 성스러운 왕국에서 살아가는
유일한 방법이자 의무이지 않느냐?
짐이 지금 듣고 보니
네가 지은 잘못과 죄과에 대한 변명으로
너무 터무니없구나
너를 구차하게 변호하려거나 회피하려고 하지 말라
너의 지난 시간에 대하여 정직하게 말하라

—태양왕이시여,
지난 시간은 지옥이었습니다.
푸른 날은 드물고 누렇게 시든 날을 보내며
자주 핏빛으로 물든 날이 많았습니다
당신의 한 신민으로서
비록 불충하고 게으르며
태양의 은혜로움을 저버린 채 오만하여
당신이 주신, 온유한 자비를 낭비하며
자주 불평하고 그늘에 들어갔습니다

—태양의 왕국에서 그늘은 반역이지 않느냐?

—그렇습니다, 저에게는 한 줌 당신의 자비조차
감당하지 못할 부끄러움이었습니다

—너는 여전히 어둠의 백성인가?

—그렇다면 그렇다고 말씀드릴 수밖에 없습니다
그동안 어둠은 참으로 편안한 위로가 되고
낮 뜨거움을 벗어날 수 있는 도피처가 되었습니다
그래서 자주 암울한 동굴 속에 숨어
증오의 칼날을 갈며 어둠을 틈타

무수한 살육을 저질렀습니다

—그래?
네가 말하는 살육이란 도대체 무엇을 말하는가?

—생각과 말과 행동으로
다른 사람에게 상처주고 미워하며
사람이 아닌 짐승의 시간으로
살아온 지난 세월,
그 모두를 말합니다

—혀는 악마의 꽃잎!
네 입속에 든 붉은 꽃잎을 조심하라
뱀의 혀처럼 들락거리며
얼마나 무수한 목숨을 해칠 수 있는지
네 안의 혀를 잘 다스려야한다

—태양의 왕이시여,
이제 폐하의 단죄만 남았습니다
이미 하루가 저물어 당신의 무릎 아래
마지막 남은 햇살이 걸리고 있습니다
당신의 자비로운 힘이 다하여

서서히 물러가기 전에
저에게 은총이 가득한 판단을 허락하소서
붉은 노을의 옥좌에서 내려오시어
부디 저에게 마지막 자비와 은혜를 베풀어
안식의 문에 들게 하소서

—그렇게 하겠노라,
오늘 하루도 무척 피곤하구나
기운이 다 떨어지기 전에 서둘러야겠구나!
지금 너에게 명하노니,
곧장 저 태양의 문을 나가는 즉시
머뭇거리거나 멈추지 말고
네 갈 길로 곧장 걸어 나가라
짐의 왕국이 미치는 영토의 끝에 나아가
다시 돌아오지 말라
다시는 어둠을 맞이하지 말라
그리하여 앞장서서 저 어둠의 세력을 몰아내라
다시 짐의 태양이 떠오를 때까지—
이제 말하노라
너를 지키는 일이
곧 네 집을 지키는 일이며
나아가 태양의 왕국을 지키는

신성한 신민의 책무가 될 것이니라
자, 이제 저 어둠속으로 용감하게 걸어 들어가라
이제 너의 시간이다
네가 싸워야 할 적들이
거센 물결처럼 몰려오고 있구나!

거대한 해일처럼 몰려오는
어둠이 세상을 덮자 시간이 멈춘다
너에게는 무기가 없다
너는 여전히 빈 손이며
너의 상처는 쓰리고 아프다
이제 남은 시간은 없다
너는 속으로 되뇌며 다짐한다—

오직 지혜로운 자만이 빛이 되어
저 어둠의 무리들을 물리치고
홀로 뚫고 지나갈 수 있을 것이다
하루라는 시간은
일생을 뚫고 지나가는 단 한 줄기 빛이다
그러므로 늘 깨어있고
그 빛 한 줄기를 당기기 위하여
용감하게 나아가야 하리라

홀로 전진하라
가야할 길이 네 앞에 무너지고 쓰러지며
너에게 안기기 위하여 우르르 달려들지 않느냐?
저리 무작정 뛰어들며 너를 환호하지 않느냐?

저 무너지는 것들을 사랑하라
저 쓰러지는 것들을 껴안고 일으켜라
그게 바로 네 자신이므로
너는 지금까지 네 자신을 외면하였느니라
너무 쉽게 무너지고 쓰러지는 너를 보았느냐?
이제 너를 사랑하고 용서하라
무엇보다 네가 문제투성이의 인간이므로
네 안에서 하염없이 무너지는
모래성을 위하여 노래하고 사랑하라
힘없이 무너지고 쓰러지는
나약한 모든 것들을 보듬어라
이제 너의 시간이 다가왔다
너의 마지막 시간이 막 지나가는 지금,

11. 모래 울음

인디오는 뿌리 잘린 선인장,
온몸에 가시 잔뜩 두르고
햇살에 저항하는 척박한 종족인가?
남루는 어제의 슬픈 이야기에 그치지 않는다
아버지의 아버지, 할아버지의 할아버지로부터 물려받은
가난한 가계는 식민의 슬픈 아픔이 서려있다
정복자에게 짓밟힌 집안 내력을 이야기하며
선인장은 먼데 안데스산맥의 능선을 바라본다
너는 목메어 울었다 오늘날까지
유구하게 핏줄로 이어진 역사란 무엇인가?
세상은 욕망의 무덤!
저 죽음의 골짜기에
모두 기를 쓰고 들어가려한다
그칠 줄 모르고 제 피 묻은 손을
남의 고통 속에 박고 휘젓는다
해골이 뒹구는 계곡!
탐욕의 벌건 눈알이 빠져나와

바람소리가 그 구멍 속으로 빨려들어가면
괴기스런 울음소리가 난다

해골의 연주!

누구든지 그 음산한 음악에 취하면 미친다
마취제 같은 음률을 듣기 위하여
살아있는 동안 귀를 혹사시킨다
어린아이같은 순수의 귀가 사라진 난청의 시대!
이제 세상에는 들어줄 귀가 없다
허공의 귀에 환청처럼 들리는 저 소리!
산 자는 살아야하므로 시간의 태엽이 풀리는
살아있는 동안 허망한 욕망을 위하여
얼마나 쓸데없이 허공의 우상에게 굴복하였는지
기적처럼 단 한 번의 목숨을 걸고
아슬아슬하게 매달렸을까?

생애의 뿔이 가렵다
가려운 데를 긁다보면 덧나기 쉽고
지울 수 없는 상처가 되는 수가 있다

탐욕의 종점!

태양신이 속삭였다
너무 뜨겁지 않도록
자주 네 영혼의 열화를 식혀라
탐욕의 절정을 위하여 맹목적으로
네 젊음을 허비하지 말라
눈에 보이는 건 모두 허망한 바람과 같은 것,
다 지나가리라
지나가면 모두 잊혀지리라
지나고 보면 얼마나 공허한가?
너의 무대에서 쓸모없는 소품과
너무 화려한 조명을 절약하라

연극은 관객의 몫일 뿐,
너는 그저 무대를 지나가는 한 때의 과객!
그러므로 연출자인 운명을
결코 원망하거나 시험하지 말라
욕하거나 불평하거나 비난하지 말라
네가 선 무대는 오직 네 역할이 끝나면
다음 사람을 위하여 비워주어야 하므로
무대는 지금 이 순간
네 역할이 잠시 필요할 뿐,

잠시 암전이 되고
막간은 기다림이다
태양의 신전에서 밝은 빛이 사라지는
아픈 노을의 시간이 몰려오거든
마지막으로 펼쳐지게 될
극적인 막의 대사와 연기를 미리 생각하라
서서히 어둠이 물러가면
각본에 따라 네 연기는 파국에 다다르고
무대의 막이 내리면 너는 사라질 것이다
네 삶이란 결국 저 무대의 조명과 같은 것,
그렇게 화려하게 보이던 스포트라이트도
언젠가는 꺼지는 것이 아니냐?
연극이 끝나면 아쉬움은 남기지 말라
이미 무대는 끝나고 너는 사라진다
사라진 뒤의 평판은 무의미하고 영원하지 않다
단지 망각 속으로 사라지는 바람소리뿐!

시간은 거대한 망각의 늪!

과거는 지난 길마다 널려있지만
이제 너무 낡았고 미래는 희미하다
아무리 새 옷으로 갈아입어도

과거는 끈질기게 널 쫓아온다
시간은 하염없이 흘러가도
몸은 과거를 기억한다
너는 한갓 배우에 불과할 뿐,
아주 잠시 스치듯
지나가는 한 무명의 배우로 살다가
막이 내리면 세상의 끝에서 사라지는
바람의 허무한 노래가 될 뿐,

너는

소금의 땅에서 노역하는 염부처럼
이제 막 마지막 하늘의 연주가 끝나자
장엄한 노을의 신하를 거느리고 사라진다
하루는 육중한 문을 닫는다
이제 너의 음악도 대사도
더는 들어줄 사람이 없으므로
침묵 속으로 들어가 사라져야 한다
세상의 노래는 너에게 의미가 없다
너에게 오직 남은 시간은
거대한 자연을 애무하는 푸른 바람의 노래뿐,
너는 바람의 노래를 듣는다

고된 노동을 이제 멈추고 영원한 안식을 구하라

저 어머니의 품!

네가 그토록 갈구하던 그리움,
그 슬하로 들어가라
그래서 바람과 더불어
풀을 다스리고 바다를 다스려
젖은 소금의 쓰라린 생애를 말려라
너의 거처가 비록 누추할지라도
한 줌 햇살은 고통을 누그러뜨리는 진통제가 되리라
세상을 편안하게 하는 미약이 되어
구원의 손길을 뻗게 되리라
네가 앞서 간 그 길,
결코 의미없다고 한탄하거나 노여워하지 말라
그냥 꿈꾸는 너의 길을 가라

생애는 얼마나 가려운가?
노인의 건조한 피부처럼
사막은 얼마나 권태에 가려운지
사구 밖으로 스르르 움직인다
모래 울음을 들으며

몸 구석구석을 더듬으며
밤낮으로 뒤척거린다
예리한 사구의 능선을 따라
선인장은 따가운 모래를 씹으며
입 안을 쉽게 뱉어내지 못한다
서걱거려도 한 방울 침조차 아껴
아찔한 생존을 이어가기 위해
허공의 모서리가 자주 부서지며
참으로 힘들게 말을 걸 때
뱉어내지 못한 말은 얼마나 많았는지

그때 차마 뱉어내지 못한,

모래의 말들!

침 한 방울에 대하여도 고마워하라
비록 더러운 침일지라도
그대가 딛고선 땅 위에 뱉어내지 않고
그대로 삼킨 건 참으로 잘한 일이다
누구나 자신이 뱉은 침이
제 발등에 떨어진다는 사실을 기억하라
그대의 침 한 방울을 기어이 삼켜

선인장은 지옥을 건너간다
사막에서 견딘 지독한 외로움과 목마름들
극한까지 밀어붙인 삶의 조건을 극복하기 위하여—
한쪽의 더러운 저주가
다른 한쪽에서는 살아가야 하는
희망의 기도가 됨을 기억하라

오늘도 머리 긁적이며
시간의 한쪽 모서리가 무너져내린다
모래처럼 한없이 무너지므로
짧은 순간조차 아껴야한다는 절박함으로
모두 살아간다면 생애는 얼마나 숭고한가!
세상의 외진 귀퉁이에서
잠들지 못하는 사람이 있다면
그대 할퀴고 찢어진 반쪽의 삶이라도
여전히 다른 사람의 몫이란 걸 잊지 않기를!
모두가 다 온전히 제 몫의 삶이라고 여기며
때로 너무 가볍게 모든 걸 한순간에 포기한다는 건
얼마나 오만한가! 너의 반쪽은
늘 타인의 반쪽이 기도한 덕분이므로
그러므로 반쪽이 무너졌다고 하여
쉽게 절망하지 말라

사구는 멋진 여행자!
늘 몸을 이리저리 뒤척이며
모래가 속삭이는 노래를 들으며 이동한다
바람이 불러주는 대로 받아 적는
어린 학생처럼 순수하다
때로는 틀린 글자가 보이기도 하고
소리나는 대로 적기도 한다
혹은 교향악 지휘자의 손짓에 따라
현을 켜는 첼리스트처럼 감성의 능선은 다채롭다
잔잔하기도 하다가
어느 결에 흐느끼는 듯 가라앉았다가
격정적으로 몸을 부르르 떨며
솟구치거나 일어서기도 한다
사구가 만든 모래의 턱선!
이쪽과 저쪽의 능선은
예리한 칼날처럼 음영을 짓는다
모래는 지칠 줄 모르는 순례자!
단 한 시도 쉬지 않고
발가락을 꼼지락거리며 걸음을 떼며
바람을 따라 이동한다

모래사막의 바람소리!

온몸으로 휘갈겨 쓰는 신의 악보인가?
여기서는 누구도 안타까워하거나 울지 않는다
거대한 고독의 절정을 노래하며
세상에서 고립된다는 게 참으로 무엇인지
아무런 말없이 보여주기만 할 뿐,
모래시계처럼 스러져내리는
우리들의 여생이란 얼마나 순식간의 일인지,
여기 모래사막에 서서
모래알 같은 우리의 생을 직시하라!
가려워 도저히 참지 못할 시간이 몰려오거든
그냥 바람의 노래를 따라 떠나면 되리라

우르르 몰려가는 모래의 군단들!

지친 삶의 행군에서
낙오하지 않기 위하여
발가락에 잡힌 물집을 고통스럽게 터뜨리며
잠깐의 쓰라림을 견디며
다시 날이 밝으면 어김없이
새로운 모래언덕으로 올라서며,
뒤로 물러서거나 미끄러지지 않기 위하여
우리는 안간힘으로 서로 보듬고

삶의 가파른 기울기를 올라야 하지 않겠느냐?
극한의 죽음조차 두려워하지 않고
모래는 사선을 넘으며 전우애로 똘똘 뭉친다
비록 한 알, 한 알은 쉽게 부서져내리지만
서로 껴안고 거대한 전선을 이루어
어떠한 강한 적도 무력하게 할 수 있다

소금사막은 화상전문병원!
오직 바닷물과 햇살의 처방전에 따라
고통스러운 환자를 다스릴 뿐,
여기 온 대부분의 화상환자는
물에 데거나 불에 데거나 둘 중에 하나다
그런데 가장 지독한 환자는
사람에 데인 환자들이다
가끔 이곳에 들르는 순례자 가운데 드물게
통증은 지독하여 울음조차 나지 않는지,
그들은 대개 지옥을 지나왔다
겉으로는 숨기지만 비틀거리기 일쑤다
허공을 걸으며 어지럼증을 느끼며
시야를 열수록 자주 발걸음이 무너진다

삶의 화상!

순례자는 뜨거운 열기로 상처가 깊으면
이곳에 숨어들어 비로소 고통을 응시한다
더 큰 고통이 펼쳐진 이곳에서
얼마나 자신의 고통이 작고
보잘것없는지 깨닫게 되리라

이글거리는 지옥,

지나온 견딜 수 없는 그곳이
바로 천국이었다는 사실을 비로소 알게 되리라
누구라도 제 손톱 밑의 작은 가시가
더 아프다고 생각하지만
네 이웃의 아픔에 깊이 들어가보라
네 이웃을 잘 살펴 똑바로 바라보라
그들이 등에 지고 가는 끔찍한 고통의 무게를
그러므로 쉽게 말하지 말라
고통에 대하여,
절망에 대하여,
지옥에 대하여,
그리고 이제 깨달아야 하리라
자기가 힘겹게 지고 온 짐의 무게와
여기까지의 고통스러운 길이란 것도

실제로 알고 보면,
이 얼마나 하찮은 넋두리인지,
이 얼마나 값싼 사치인지,

팔뚝과 종아리는 소금의 힘!
지옥의 문을 지나온
염부의 노동은 얼마나 성스러운지
그 노역의 생생함은
오로지 갈빛의 팔뚝과 종아리에서 빛나고
끈질긴 인디오의 뻐저린 생계를 이야기한다
얼마나 정직한 노동인지
평생 화상을 입지 않은
도시의 하얀 손가락과 발가락들,
여기 오면 그들 누구나 부끄럽다
하루 종일 뙤약볕에서 꿋꿋하게,
창백한 시간을 캐는
염부의 노동을 바라보라!

소금은 불의 도둑,

여기 오면 너무 부끄럽다
살아내기 위하여 누구라도

제 안에 모신 성스러운 거처를 자주 범한다
아예 부끄러움조차 모르고 살아오지 않았는지
적빈의 끄트머리에서 불을 피워 하늘에 올리는
소신공양을 바라보면 무슨 말을 덧붙일 수 있을까?
저리 경건한 소금의 시간을 바라보며
아득한 날들을 불러 찬미하라!
식탁에 오른 한 숟가락의 소금,
정결한 제의를 위하여
여기까지 맨발로 걸어오며
얼마나 따갑고 쓰라렸을까?
그 길을 성찰하며 나는 죽는 날까지
얼마나 더 부끄러운 숟가락을 들어야할까?
나는 내 안에 고인 오욕을 어떻게 토해낼까?
저 소금이 걸어온 고통의 길을 묵상한다

얼마나 위대한가!
소금은 그냥 소금이 아니다—
저 장엄한 순례의 여정을
이제는 낮은 목소리로 노래해도 좋으리라
보라, 안으로만 내달려온 저 고통스런 여행의 끝을!
온갖 비린 세상의 맛을 잡으며
오직 세상을 지키기 위하여,

중심의 맛을 찾기 위하여,

혼탁한 세상의 물길을 건너
진리를 침묵으로 증언하는,

위대한 여정을!

12. 침묵의 얼음

빛은 출렁이는 그물!
아득한 세대 너머 그 속을 통과한
수많은 어둠의 자손들,
지금 다 어디에 있을까?
살아간다는 일은
시간이 텍을 괴는 동안
베를 짜는 일처럼
씨줄과 날줄을 번갈아 가며
찬란한 한 폭의 천을 완성하듯,

빛과 어둠을 교직하여
지상의 노래를 완성하는 것,
어찌 빛으로만 인생을 이야기하랴!

—인생은 모조리 거짓인가?
손에 잡히지 않는 한 편의 꿈인가?

빛의 저쪽에는
어김없이 어둠이 웅크리고
삶이란 훨씬 처절하고 알 수 없는 것,
몸은 비록 시궁창에 뒹굴지라도
정신은 찬란하게 전율하는 것,
거처는 벼랑에 매달리고
넋은 외롭고 쓸쓸하다
누구라도 벽에 가로막힐 때마다
벽 안에 숨겨진 문을 꿰뚫고 지나가라
모든 벽에는 문이 있어
누가 초인종을 누르길 기다린다
연두빛 초인종 소리를 듣고
번쩍, 깨어나는 순간,

어둠이 스며있다고 결코 기죽지 말라!

일생의 문양은 다채롭지만

딱딱한 침묵의 얼음,
얼마나 오랫동안 네 안에 머물렀는지
고여있던 울음은 차가운 세상 밖으로 뛰어나온다
울음조차 너무 깊으면

잠시 울먹이다 그마저 그치고 마는지
뜨거운 햇살을 받으며 밖으로 나오면
너무 투명하여 두 눈이 머는지
울음의 두께가 두꺼울수록
삶은 더욱 깊고 견고한 것인지

시리다!

이빨로 버석버석 씹어대는
저 투명하도록 슬픈 침묵의 덩어리!

씹을수록 혀가 오그라붙는다
침묵과 맞선다는 일은 얼마나 지독한지!
얼음은 제 무게 때문에 때로
무릎 꺾이며 저절로 무너져내린다
그리고 다시 한없이 녹아 눈물이 된다
이윽고 회복기의 노래가 되어 흘러가
만물의 품에 촉촉하게 스며든다
세상 밖으로 늘 떠밀리며
얼마나 오래 멀리 떠돌아다녔는지
한 덩이 저 유빙을 보라!
내뱉지 못한 말의 거처,

바다에 잠긴 침묵의 푸른 덩어리가
더 위험하지 않았는지
아무렇지 않게 스치듯 던지던 시선과
냉정한 한 마디 말은 햇살에 녹아
상처처럼 짓뭉개져 내리고 극지로 간다
방랑자 앞에 하얀 빙벽이 되어 섰다
철썩이는 세상의 파도에 아랑곳하지 않고
삶의 극지에서 무겁게 허물어진다
중력의 손길로 스스로 무너진다

빙하의 종말!
물범이나 혹등고래를 만나
숨구멍을 틔워주거나
햇살에 몸을 말릴 수 있도록
제 몸 한 조각을 갈라서 한껏 열어준다
망망한 바다에 디디고 설
한 뼘의 지극한 성소!
얼음의 대지는 제 품을 아낌없이 드러낸다
기꺼이 산산이 부서져 녹아내리다가
파도에게 몸을 한없이 내준다
아침 푸른 햇살을 어미의 젖처럼 빨며
조금씩 제 몸의 부피를 줄이더니

마침내 거친 파도와 뒹굴며
그 속살에 스며들어 물과 소금의 노래가 되어
푸르른 바다와 하나가 된다
이제 침묵은 바다가 되어
세상 곳곳 연안으로 가닿아 철썩이며
노래한다 세상 밖으로 떠돌다가
세상과 만나 세상을 적시다가
기어이 뭍으로 기어오른다

허공의 무장해제!

너는 빈 손으로 왔다가
빈 손으로 돌아간다
언어도 버리고 침묵도 버리고
세상에 나와 혼령처럼 잠시 떠돌다가
마침내 바람이 되어 흐를 것이다

모든 빈 손은 그리움이다

하늘을 향하여 팔을 모으고
땅을 부드럽게 쓰다듬으며
세상이 되기 위하여

더욱 투명한 허공이 완성된다
처음에는 세상을 사랑하기 위하여
비탈진 허리를 꽉 껴안고 있다가
기꺼이 스르르 손아귀의 힘을 푼다
아주 천천히 물의 언어로
세상을 사랑하는 법을 익힌다

빈 손으로 귀환하는 날,
바다와 땅은 서로 만나 하나가 되고
세상의 뭍으로 상륙하여 노래를 이룬다
모든 것은 무너지기 위하여 서있다
세상의 어떤 차가운 빙벽도
결국에는 와르르 무너져내려
가장 낮은 몸으로 흘러간다

메마른 대지!
갈라터진 입술을 촉촉하게 적시며
모진 이 땅의 목숨을 한없이 일으켜 세운다
스스로 먼저 무너지고
스스로 먼저 일어서는,
맑고 투명한 기적의 전사들!
그들의 눈동자를 응시하라

저 푸르고 빛나는 빙하의 결기를 사랑하라
그 앞에 서서 참으로 오랜 울음으로 얼어버린
거대한 묵언의 성채를 바라보라

밤이면 기적처럼
장엄한 녹색 오로라를 거느리고
몰려오는 애무의 손길들을 바라보라
여기는 얼마나 거대한 뿌리들이 얽혀
끈질기게 목숨을 부둥켜안고 있는지
서로를 힘껏 북돋우며 사는
축복의 땅인지 기억하고 기억하라
그리고 얼마 남지 않은 시간은
오랜 기억, 지질학의 년대기를 읽어보라
저토록 푸른 침묵의 빙하를!
울음이 얼어붙은 저 인고의 시간을!

풀 한 포기도 용납하지 않는
지독한 열사에 오직 모래구멍으로
숨 쉬며 지탱하는 목숨이 있다
어둠이 내려앉으면 거미가 기어나온다
바람의 너울을 타고
입으로 침묵의 실을 토하여

그물을 쳐놓고 기다리며
혼자말로 구시렁거린다,

오늘도 허탕이다
밤은 무척 길 것이고
배는 고플 것이다—

하루 종일 뜨거운 열기를 참으며
거미는 모래의 집에서 적막을 견딘다
오늘 하루도 먹은 게 없으므로
내일 아침 다시 해가 떠오르길 기다려야 한다
그걸 누군가는 희망이라 부르지만
이곳에서는 체념이라 부른다
새벽 이슬에 젖은 곤충의 날개를 기다리며
절필의 시간 속으로 들어간다

어둠을 틈타라!
석양의 처마 밑,
거미줄을 길게 쳐놓고 하루를 마감한다
밤의 미풍이 속삭인다
마치 유혹처럼 밤은 오는 것인가?
달콤하게 비린 밤!

밤은 참 편리하다
느슨한 한 쪽 줄이 팽팽한 찰나,
어둠 속에서 모든 걸 지우고
추악함에 엎드린 욕망을 끌어안고
거미는 마음껏 뒹군다

세상의 밤은 나약한 인간을 붙들고
눈부신 불빛으로 눈을 멀게 하는지,
맹목적으로 뛰어드는 불나방처럼
위험한 놀이로 가득 찬 세상에서
누가 누굴 유혹하는지
누가 가해자이고 피해자인지—

산다는 것은
기껏해야 통속소설처럼
혹은 철 지난 남루한 옷처럼,
때 절은 시간의 벤치에 앉아
따가운 눈총을 탓하기도 하고
떠나버린 애인을 그리워하면서
추억이나 파먹으며 견디는 일인가?
세상의 맨바닥에 노숙하는 생애여!
빵과 주먹은 무덤에 가깝다

포크와 나이프, 젓가락과 숟가락,
모든 식기에는 피 냄새가 자욱하다
밥통과 항문 사이에 걸리는 온갖 욕망들
치욕스러운 줄도 모르는 푸념들

목구멍에 손가락을 쑤셔 넣고
지독한 권태를 토하는,

목구멍은 채울수록
더욱 허기로 고통스럽다

거미는 염낭 안에 허기를 거느린다
촘촘한 그물로 다른 목숨을 거두어
새끼를 기르고 시간의 그물에 걸려
마침내 스스로 죽어간다
그물로 먹고 그물로 죽는다
먹은 만큼 정직하게 뱉어내는
시간의 덫이란 얼마나 끔찍한 저주인지
얼마나 견디기 힘든 유혹의 시련인지
거미는 찰나를 기다린다
기다림의 줄 끝에 대롱거리는
아주 작은 기적처럼

다른 죽음이 다시 걸리고
아주 가까운 목숨이 겨우 일어선다

한쪽이 사라지며 한쪽이 나타난다

13. 절망의 뒤꿈치

소금사막은 고요한 열대,
적어도 겉으로 보기에 그럴 뿐
그 고요에는 지독한 권태가 도사린다
그렇다고 말썽을 피우거나 싸움을 하거나
서로 엉겨 거친 욕을 쏟아낸 적은 없다
다만 지루한 시간에 지치면
실눈으로 멀리 바라보는 게 고작이므로
소금의 평전은 참 심심하다
거기에는 어김없이 무료한 날들 펼쳐지고
햇살의 공습은 지상을 무자비하게 유린한다
죽은 듯이 엎드린 모든 것을 훑고 지나며
더욱 뜨겁게 지상을 불태운다
어느 것이라도 움직임을 보이면
확인사살을 위하여
마지막 한 방을 날릴 것이다
살아 뛰는 심장을 겨누어 저격할 것이다

오늘도 무력한 하루였다
붉게 부풀어 오른 태양의 아킬레스건!
종아리가 당기는 지친 저녁,
노을의 볼이 붉다
집으로 돌아오는 길은 축복이다
누군가로부터 꽃다발을 받는 일처럼
하루는 천국의 창문을 내리고
막 밤의 휘장을 치기 시작한다
사랑하는 가족과 소박한 식탁에 앉아
경건하게 기도를 바친다
한낮의 뙤약볕 아래를 묵묵히 지나
힘겨운 노동으로 얻은 평화로운 시간,
그게 늘 반복되는 흔한 일이라고 한다면—
누가 그렇게 가볍게 말할 수 있을까?

라마는 슬픈 짐승!
안데스 고산을 맨발로 걸으며
고독의 뿌리를 즐겨 씹는다
너무나 외로워 마음의 빗장을 닫고
오직 풀의 기도문을 듣는지
자주 눈동자가 감기고
곁에 머무는 벗조차 눈에 띄지 않는다

두 눈 뜨고도 세상은 보지 못하므로
라마의 눈에는 살랑거리는 바람으로
오직 풀잎이 초서체로 휘갈겨 쓴 난필을
짐작으로 알 뿐,

외로움도 너무 처절하면
어느 불우한 맹인이 더듬는 점자처럼
밤하늘에서 별이 되는지
고독하거든 다 하늘의 별이 되어
지상으로 우르르 쏟아지는 것인가?
저 쏟아지는 별의 눈동자들!
수많은 마음의 눈동자들!

빛이 되어 더 외로운,

얼마나 세상은 혹독한 유형의 땅인지
죽는 날, 누구라도 하늘에 올라
다시 지상을 내려다보면 얼마나 슬플까?

누가 너의 길에 개입하는가?
누가 감히 타인의 길에 뛰어들 수 있는가?
너를 초대하여 홀로 네 자신과 더불어 가야 할 뿐,

너의 모든 길에는 고독이 충만하다
길은 상처가 깊으면 곪아 터지고
이윽고 여러 갈래로 갈라지게 마련이다
그건 또한 순식간에 일어난다
그리고 자주 우리의 눈을 멀게 만든다
얼마나 더 괴로워하고
또 얼마나 더 어리석어야 하는지

이제 잠시 여기서
발걸음을 멈추고 서성거려도 좋다
여전히 그대가 홀로 가야할 길은
길게 이어져 있으므로 너무 서두르지 않아도 좋다
홀로 가야하므로 타인이 가는 길에
네 발가락조차 들이밀지 말기를!
그대의 노래는 영원히 흐르리라
혀가 뽑히고 손목이 잘려도
누가 막을 수 있으랴

하늘과 땅에서
부랑자가 되어 온갖 소란을 피우며
시인은 말썽을 피울 것이다
네가 부르는 노래는 죽음의 골짜기로 내려가

기어이 악마의 양식이 되리라
피바람이 모여 울부짖는 지옥에서
낯선 음성으로 폐허의 노래를 부르리라
세상의 온갖 절망을 초대하여
자신의 피를 씻고 뼈를 태우리라

이제 때가 왔구나!
지상에 마지막 남은 물의 사제는
태양의 신에게 뛰는 심장을 바친다
피의 흔적을 지우기 위하여
정결한 초인의 장례를 위하여—

누가 알겠는가?
걸어온 길은 성자의 길,
상처가 아물어 군살이 되고
다시 피투성이가 된 절망의 뒤꿈치를!
소금의 길에서 신은 늘 누군가 저버렸다,
그리고 그는 절망의 사도였다고 고백한다
마지막 날까지 이 땅에 남은
티끌 같은 희망의 불씨를 지피기 위하여
몇 번이나 그는 죽어야했는지!

이제 죽음을 뚫고
튀어오르는 빛 한 줄기!
그는 눈부셔 차마 괴로웠다
그동안 참기 힘든 시간과 만날 때마다
모두가 제 몫으로 견딘다는 사실이 놀라웠다
그도 무릎 꿇지 않기 위하여
죽을힘으로 버티고 섰다
그때 하늘의 도끼가 그의 무릎을 내려찍었다
그는 그대로 무너져내렸다
무너지는 그 지점에서
그는 희미한 신음소리를 들었다

별의 흐느낌!
천국에서 들리는 한숨 소리!
그게 바로 그가 디디고 선
대지의 입김이란 걸
아주 나중에야 알아챘지만,
하늘은 늘 땅에다 바람의 붓으로 글을 새기고
허공을 걸어오는 한 사람을 기다린다
아주 먼데서 외로이 홀로 걸어오는
한 사람을 시간보다 끔찍하게
그림자보다 먼저 가서 기다린다

인생은 탐욕의 감옥!
한 덩이 소금은 기껏해야
감자나 옥수수 몇 알을 살 수 있거나
라마의 귀를 꾸미기 위해 털에 늘어뜨리는
예쁜 실을 살 수 있을 것이다
만약 그걸 욕망이라고 부른다면
무척이나 억울할 지도 모르겠다
일생이래야 한 쪽으로 기울어진
굽은 길을 오르는 숨 가쁜 노동과 같은 것,
비스듬히 오르다가 더 악착같이 올라야 하는 것,
거의 다 올라왔다 싶다가도
쭈르륵 미끄러져 내리는 비탈진 허공 같은 것,
누구나 살아있는 동안
무엇이 제 몫의 허공을 지탱해주는지 알지 못한다
마지막 숨이 끊어지면
그만 그 자리에 주저앉는 허공!

살아서 숨 쉬는 아주 짧은 동안
부디 꽃삽과 꽃씨 몇 톨이라도 마련하라
그때 곁을 무심히 지나치는
누군가의 위로가 되리라
고원에서 풀을 뜯는 라마나 소떼들 양식이 되거나

혹은 향기로운 꿀이 되기 위하여
달콤한 꿈을 꾸며
벌에게 말을 걸지도 모르겠다
모든 건 살아야하는 이유가 있고
그 까닭은 훨씬 허공보다 무겁다
무겁기에 그만큼 더 힘들고
한 순간도 그냥 흘려보낼 수 없지 않느냐?

그대가 삶을 꾸리는 동안
어디에도 참고서는 없다
단지 바람의 사전뿐!
살아있는 동안 낯설거나 신기하거나,
처음 보는 게 있거든 부지런히 펼쳐보라
눈부신 기적이 고이 잠들어 있는 곳!
그곳에는 그대를 기다리는
미지의 언어들이 눈동자를 깜빡거리며
그대 홀로 불러주기를 간절히 기다린다
세상 밖으로 나와 그대와 더불어 거닐며
다른 친구들을 통하여 낯선 풍경과
여행의 노정을 꼼꼼히 기록할 것이다
길을 떠나, 멋지고 훌륭한 벗을 만나거나
혹은 강도나 산적을 만날지도 모르겠다

모험을 무릅쓴 길에는 늘 허방이 기다리며
그대의 발목을 빠뜨리거나
위험에 밀어 넣을 지도 모른다
그럼에도 길은 찬란하다

세상의 한 켠,
서럽도록 아찔한 오지로
깊숙이 떠날수록 더 외롭겠지만
힘들수록 길은 기적처럼 열릴 것이다
길은 위험할수록 길은 더 따뜻하다
길은 무척 힘들지만 때때로 꽃에 방점을 찍으며
벼랑 끝에서 치유의 기적도 보여준다
살아서도 죽은 사람의 길이 있고
죽어서도 산 사람의 길이 있다
그것은 그 길을 간 사람의 몫이므로
살아서 두 눈 뜨고 있는 순간,
결코 멈추지 말라
길을 떠나라, 무작정 떠나도 좋다
그대가 처음 길 위에 섰을 때를 기억하라

아득한 날,
그대는 의지와는 상관없이

무작정 그 길을 달려오지 않았는가?
그 이후로 그대가 가는 길은
오직 그대의 두 발로 새겨놓은 자유의지일 뿐,
누구에게도 복종하지 않는
그대의 길을 위하여 헌신하라
그대가 길이므로 오직 그대를 따르라

길을 떠나라!
길은 얼마나 목마른지
오늘도 소금사막에서 낯선 목마름으로
제 뿌리를 하얗게 태우지 않느냐?
저렇게 철저하게 태우며,
누군가 불러줄 노래를 듣기 위하여
쓰리고 노곤한 하루를 견디는 것이다
우리는 기다릴 줄 모른다
기다림이 참으로 무엇인지
아마도 죽는 날까지 모를 지도 모르겠다
저 들판의 꽃을 보라
얼마나 먼 길을 맨발로 걸어왔을까?
물집 잡힌 발가락의 고통을 터뜨리며
지금 한 송이 꽃이 피어있음을 기억하라
얼마나 힘들게 외로운 길을 천천히 걸어 왔는지

매서운 추위와 비바람을 뚫고 여기까지 왔는지
우리는 자주 너무 성급하고
한꺼번에 모든 걸 가지려고 하지 않았는지

세상은 지칠 줄 모르고
허공의 바퀴를 굴리며,

허공이 된다

저기,

우리 앞에 펼쳐진 길,
아득하고도 끝 없는 길에서
결코 포기하지 말고 기다리며 견뎌야 한다

허공에 굴복하지 말고
또 허공이 되지 않기를!

이제 밤이 깊다
어둠은 곧 물러갈 것이므로
우리의 적이 될 수 없다
숲에서 불길하게 우는 소리의 정체는 무엇인가?

끔찍하고도 긴 밤이 막 지나가고 있다

매서운 계절을 겨우 뚫고
한 송이 꽃이 막 피어오르고,

손목이 아프다

마지막으로 쓰는 편지는 새벽이 될 것이다
그리고 마침내 빛으로 마침표를 찍고
못다 쓴 시집을 닫을 것이다
부르지 못한 노래를 마음에 흘러보내며
고요의 속살로 들 것이다
못다한 잠은 얼마나 달콤할까?
매순간은 탄식이자 찬탄이다

누구나 기다리는 기적 같은 안식!
너무나 공평하고
너무나 간결한 신의 필적!

투명하여 더 눈부신 슬픈 환희!

허공의 혀를 무력하게 만드는

시간의 수수께끼!

허공이 떠밀려가자,
목과 팔, 다리가 잘린 토르소처럼 세상은 창백하다
나는 수축하고 우주는 팽창한다
대지에서 물러가는 저 어둠의 무리들!
하늘은 어느 누구의 지배도 받지 않으므로
마침내 허공의 바퀴는 닳아빠지고
바퀴 없는 시간의 수레를 타고
나는 오늘도 낯선 곳에서
낯선 시간과 만나야 한다

세계는 낯설고
나는 더 낯설다

나를 찾아서 떠나는 길!

아주 아득한 날,
먼저 떠나간
낯선 나를 만나기 위하여
나는 얼마나 더 낯설어야 하는지!

14. 고독한 화가

아주 오래된,
시간을 그린 화가가 있다
물방울을 그리는 고독한 화가!
그는 지상에 하얀 종이를 펼쳐놓고
오늘도 알 수 없는 그림을 그린다
자세하게 풍경의 곳곳을 그대로 그려놓고
다시 그걸 뭉개고 지워나가기 시작한다
불룩한 물의 호주머니 속이 묵직할 때마다
채웠다가 점점 하나씩 덜어내는 심심한 작업,
마음을 그리다가 하늘에 들키기 일쑤지만
지상에서 가장 커다란 거울을 깔아놓고
지루하게 자신의 모습을 비춘다
위와 아래가 통째로 환히 드러나는
벌거벗은 물방울 속으로
성큼성큼 걸어들어가는 한 사람,

그는 고독하다

메마른 물의 입술에서 단내가 난다
어떻게 저 오랜 시간
끈질기게 물을 그릴 수 있는가?
물의 밖에서 문을 두드리면
물은 숨을 곳이 영 마땅하지 않았다
아득한 날, 제 속을 다 보여주는 동안
바람이 자주 와서 머물다 갔다
종종 벌레나 짐승, 선인장, 티끌들도
인적이 묻힌 그 속을 뒤집어놓고 사라졌다
마음 졸이다가 물은 사막으로 가서
흔적 없이 죽어 물의 발자취마저 지웠다
그냥 구겨진 채 모래 속에 스며들어
더 깊은 노래가 되어 신음처럼 흘러갔다
이제 물은 좀처럼 스스로 젖지 않는다
비로소 여기에서 가라앉는다
한 모금 침묵이 되어
마침내 하늘로 올라가는 날,
한 줄기 따뜻한 빛으로
태양의 친구가 되어 바다를 연주한다

물결의 이랑이 눈부시다
튕겨 오르는 음표마다

마음의 현이 섬세하게 떨린다
모래의 심장이 들썩거리고
작은 새의 노래가 사막에 흘러든다
물은 세상 만물을 적시지만
정작 제 자신은 한 번도 적셔본 적이 없다
그럼에도 물은 외롭다고
투정부리거나 불평하지 않는다
물은 고독한 성자!
물의 역설은 오직 불을 통하여 말을 걸 뿐,
뜨거움으로 물은 더욱 깊이 스며들어
한 외로운 나그네의 눈물이 되어 흐른다

이제 물의 여행은 끝났다

여기, 소금사막 호수에 닿아
적막한 울음이 되어 흐느끼다가
갈 곳 없는 사람들 마음 한 권을 열고
푸른 바람의 책갈피를 뒤적거린다
아주 오래된 낡은 책!
허공의 글씨가 잔뜩 박혀있는 세상에서—

몸을 벗는다

누구나 때가 되면 몸을 벗는다
몸을 벗는 것보다
마음을 벗는 건 더욱 어렵다
벗기 전의 몸을 생각하라
몸을 벗기 전에 먼저
몸은 벗어버린 마음을 만나고 싶다
이제 몸과 마음을 벗고 가는 길 위에서
무엇을 더 노래하랴!

길도 길을 벗는다

발가벗은 길 위에서
아직 벗지 않은 몸이 버거울 때
제 몸보다 먼저 남의 몸을 적시는 물이 말한다

나는 물의 집!

투명하다,
저 몸속에 모신 영롱한 사리 한 알!
스스로 소금의 결정이 되어 뜨겁게
사랑한 길을 걸어왔으므로
홀로 노래하며 여기까지 왔으므로

얼마나 빛나는 물의 집인지!
누구라도 걸어 들어가는 저곳,
몸과 마음을 함께 벗은 저 시간 속으로—
누구라도 외롭게 걸어 들어가면
마음을 벗은 나지막한 노래가 들린다
물의 살결이 속삭이는 길!
벗어버린 길이 껴안고 있는 물의 몸!
발가벗은 물의 몸에 남은
소금의 영원한 안식은
꿈이자 현실이다

아직까지도 나는 악몽을 꾼다
누군가 나의 신발을 신고 가버리자
잃어버린 신발을 찾아 헤매는 꿈을 자주 꾸었다
상실의 악몽은 무서웠고
나의 젊음은 그렇게 시들어갔다
내가 원하든 원하지 않든
서럽게 바래주던 길 건너 언뜻 보이던
매우 낯선, 낯익은 신발 한 켤레!

모든 인생은 신발에 담긴다

무거웠는지 가벼웠는지
즐거웠는지 고통스러웠는지
지난 일은 결코 따지지 않는다
그저 산다는 일은 몇 켤레의 신발로 요약된다
인디오의 길은 고스란히 빛에 바랜 채
헤어진 신발 안에 고여 있다
평생 걸어온 시간이란 것도 알고 보면
기껏 신발바닥이 닳은 기억에 불과하다
순례자의 여정도
신발의 낡은 기억일 뿐,
길은 시간이 흐를수록 살이 찌거나 야위다
몇 켤레의 남루한 신발!
그게 딱 한 번 살아야하는 삶의 기록이다
맨발에 걸리는 삶의 무게를 지탱하며
아득하고 험준한 고원의 외길을 따라왔을까?
인디오의 신발은 발등이 다 드러나고
발가락은 굳은살로 신발바닥보다 더 딱딱하다
차라리 맨발로 걷는 게 나을지도 모르겠다

방금 한 사람이 죽고
몇 켤레의 신발만 남았다
그 신발을 바라보면 먹먹하고 슬프다

저 안에 고여 있는 눈물과 회한들!
슬픔을 넘치도록 담고 다녔을 길을 생각하며—
그는 얼마나 힘든 길을 외롭게 걸어왔을까?
느리거나 빠르거나
혹은 기쁘거나 고통스럽거나
자주 돌부리에 채이기도 하며 엎어지기도 하며
발걸음은 늘 비틀거렸을 것이다
평생 얼마나 뒤척거렸을까?

신발은 숭고한 기억이다
기억의 발가락들이 들고나는 집이다
누구나 그 안에 들어가
제 한 몸 지탱하며 세상을 건너간다
진창에 빠지기도 하고
뒤축이 닳아 갸우뚱한 시선으로
삶의 늪에 빠져 허우적거린다
신발은 길을 찾기 위하여
늘 코를 킁킁거린다
길에서 넘어지고 길에서 일어난다
길에서 걷다가 길에서 멈추고
어느 날 길에서 죽음을 맞이한다
그리고 마침내 집을 비우고 떠난다

텅 빈 신발 한 켤레!
마지막 길을 방금 누가 지나갔다
돌아오지 못할 그 길을 홀로 지나갔다

맨발로 터벅, 터벅,

15. 해골의 시간

시간은 영리하다

도마뱀처럼 시간의 꼬리는
하루, 하루, 여생을 끊고
끈질기게 생명을 이어간다
이곳은 공평하다 모두에게,
공평하다는 말은 똑같은 기회가 주어진다는
말과 같으므로 은닉할 수 있는 건
아무 것도 없다
마음조차 그대로 다 드러나므로
몸을 숨긴다는 건 애초에 더 불가능하다
위기의 순간이 닥치거든 꼬리를 자르고 도망치면
그나마 목숨은 지킬 수 있다
세상에는 도마뱀의 꼬리가 널려있다
꼬리 잘린 시간을 아쉬워 할 틈이 없으므로
우리가 기껏 할 수 있는 일은
그저 망각 속에 자신을 밀어넣고

권태롭게 목숨을 이어가는 것뿐,

시간의 도마뱀은 끔찍한 악몽이다

땅은 무엇으로 사는가?
목이 꺾인 붓 한 자루!
뼈를 세워 땀과 피로 쓴 기록이다
제 깨진 무릎으로 기며 굴욕을 견디며
만물을 일으켜 세우기 위하여
우글거리는 돼지우리에서
치욕스러운 시간을 보낸다

거세된 채 피둥피둥하게 살만 찌우는
시간 앞에서 나는 속수무책이다
온갖 악의 씨를 기꺼이 키우면서
슬하에 엄청난 소란을 일으키며
짐짓 시치미 떼고 먼 날을 기약하는
땅은 희미한 하늘의 꼬리를 붙잡고 늘어진다
마지막 희망의 끈인 것처럼
처절하고도 고독하게 흔드는 저 손들,

누가 감히 거부하랴!

저토록 아귀가 센 손들

흔들리는 눈동자들,

누가 내칠 수 있으랴!

하늘은 침묵하다가 참았던 울음을 토한다
더러 한꺼번에 쏟으며 손을 씻고
더운 땅을 적신다 냉소의 땅에다 눈물을 뿌리며
땅에서 피운 증오의 흔적을 묽게 지운다
굳어 딱딱해진 시선마저 지우고
비린내 진동하는 핏자국도 지우고
땀내 나는 후줄근한 육신도 벗어버리고

더러운 몸을 씻는 저녁의 기도시간,

하늘은 기다린다

속되거나 성스럽지 않은
맨살의 시간을,

너무 오랫동안 하늘은 보아왔다

대지의 처절한 흔적들—
땅은 탐욕과 분노와 어리석음으로
기름져 돼지들의 먹이가 된다
오물을 뒤집어쓰고 드러누워
냉혹한 시간을 즐기며
마지막 해골을 기다리다
대지는 적막을 씹는다

세상은 갈수록 건조하다

하늘의 눈물!
해골의 잔해를 녹여 구더기를 키우고
다른 해골이 되는 시간을 기다리며
주체할 수 없는 허무가 몰려올 때
하늘에서 비가 내린다
시간의 눈시울이 왜 젖어있는지—
해골이 먹고 마시는 것은 다른 해골이다
먹고 뱉는 시간의 틈 사이로 들이치는 한 줄기 빛,
대지로 내려오는 천사의 지팡이인가?
누구에게나 그 빛은 공평하다
기적처럼 누구에게나 열려있다
누구라도 눈부신 찰나에서

잠시 눈이 멀고 마는지—

지상에 뒹구는 돼지들,
해골의 골짜기로 가기 전에
잠시 머무는 정거장에서 꿀꿀거리며
검은 땅에서 제 오물로 세상의 거름이 된다
더러운 몸이나 게으르게 굴리다가
다른 해골을 먹이며 대지를 풍요롭게 만든다
썩은 흙에서 들뜬 욕망은 모두 죽고
어찌할 수 없는지 절망의 날개가 부서져
남은 물기마저 털어내면
마침내 어느 문 앞에 다다른다
영혼의 부피를 더 줄일 수 없는
극한의 끝까지 밀어붙이고
낡은 한 조각 희망이나 절망마저 무의미해질 때까지
태양은 쉴 새 없이 펄럭거리며 달과 논다
그때 문이 열린다

달빛 가득한 소금의 궁전!
여기에 다다르면 해골의 시간조차 달콤하다
얼마나 매혹적인 달콤함인지
하늘과 대지는 한 덩어리로 뒹굴며

악마의 침실인지 천국의 침실인지 모르지만
짙게 애무하며 사랑을 나눈다 달의 별궁에서
나른한 시간의 무력함을 즐기며
찰나마다 체위를 바꾸어 세상은 음란하다
벙벙하게 펼쳐진 하늘의 침실,
땅의 침대에는 하얀 시트가 눈부시다
이제 돼지가 할 일은 없다
남아있는 일이 없다는 것!
그건 죽음일까? 탄생일까?

누구에게나 한번은 닥친다
공평하다, 끔찍하도록

해골의 시간!

돼지가 되기 위하여 누구라도
먼저 해골의 만찬을 즐겨야한다
마지막 만찬을 위하여 소금의 궁전에서는
금생의 시간을 성 밖으로 쫓아낸다
추방당한 시간은 검은 망토를 걸치고
대지 구석구석을 기웃거린다
죽음의 냄새를 킁킁거리며 맡는다

쫓겨난 시간을 뒤쫓는
태양의 군대는 무자비하다
번쩍이는 창으로 숨은 적을 섬멸하고자
마지막 남은 한 녀석까지 샅샅이 찾아내어
빛나는 창의 세례를 내린다
하늘의 위대한 명령이 무엇인지 보여준다
대지는 한동안 평정되고 평화가 깃든다

꿈의 언어가 죽자 자궁은 메말라버렸다
미처 토하지 못한 한숨처럼
모진 바람이 물러나가며
어물어물 알아듣지 못하는 소리를 내자
지상에 떨어진 마지막 풀씨가 날린다 드디어,

죽은 대지 위에도
꽃 한 송이 피어오르고
평화로이 꽃대는 미풍에 흔들리며 부산하다
시간은 군데군데 풀씨를 흩날리며
극한의 끝을 향하여 생존을 밀어붙인다
그때 꽃을 따는 무리가 나타났다
적그리스도의 불길한 예언인가?
시간은 가장 잔혹한 무기다

꽃에게 무자비한 고문을 가한다
혹독한 계절이 베푸는 건 오직 먼 망각뿐,
해골의 두 눈알이 빠져 퀭하다
불모의 사막에 나뒹구는 백골들!

태양의 무자비한 슬하!

누가 남은 노래를 부르며
이곳을 지나가는지
오늘도 대지는 생명을 키우느라 바쁘다
오물을 뒤집어쓰고 허기를 탐하는 돼지들
세상은 기껏해야 해골이 되기 위하여 기다리는
시간의 대합실!
그늘의 옷을 입고 지칠 줄 모르고
꿀꿀거리는 시간의 울음들!
겉으로는 쥐 죽은 듯 고요하지만
소금사막은 울음으로 가득하다
질펀하게 쏟아낸 오물의 세상,
모든 해골이 쏟아낸 것들!

16. 물고기섬

풍경은 꿈처럼 흐른다
물고기섬은 숨겨놓은 여백인가?
그곳은 가시 돋힌 참혹한 모습이다
우리가 눈으로 보는 것은 얼마나 거짓인지
진실은 늘 보이는 저 너머 있는데,
귀는 또 얼마나 불완전한지
흘러갈 곳을 잃은 메마른 땅,
바람 한 점 없는 그곳에 들리는 노래가
앙칼진 울음인지 처음에는 알지 못했다
외딴 곳에 유폐되어 세상에 잔뜩 적의를 품고
갈증을 달랜 모진 시간들,

여기 와서 비로소,
긴장의 허리띠를 풀어놓는다
마지막 휴게소!
인고의 시간이 막 짐을 푸는 곳,
모든 가시는 제 살갗을 아프게 파고들어서야

비로소 밖으로 향하여 말을 걸 수 있는지
가시 잔뜩 두르고 선 선인장들
보기만 해도 혀끝이 아리다
혓바늘이 솟은 무수한 혀들!

무덤보다 더 죽음을 잘 견디는
이곳은 극한의 땅인가?

선인장의 수도원!
묵상하는 수도승처럼 청빈하다
늘 고독한 맨발로 십자가를 지고
골고다의 언덕으로 오른다
가시면류관을 쓴 예수!
선인장은 입이 마르고 목이 탄다
한 모금 물도 마시지 못하고 피 흘리며
마지막 약속의 시간을 위하여 나아간다
예언의 길로 오르는 고난의 언덕
쓰러지고 또 일어서고 온몸으로 견디며,
축 처진 혀를 내밀며,
갈증은 열망이 아니다
그냥 살아내야 하는 고통스러운 혀의 시간들!
가시는 혀의 무덤에서 겨우 솟아나온다

여기서는 누구라도 입을 열지 못한다

죽음의 시간은 참으로 오는가?
처음으로 부활을 목도한 곳!
막달레나처럼 생명의 한 모금을 위하여
네 치부를 기꺼이 보여준다면
누가 창녀라고 돌팔매질 할 수 있는가?
사람이라면 누구나 제 몸에 가시를 두르고 산다
우리의 허물은 지독한 목마름,
그건 벗어날 수 없는 쾌락이자 유혹이므로
너무 강렬한 죽음으로 가는 길,
우리는 불온한 거짓말로 시간을 지운다
일생은 거짓투성이로 의미도 없이
나의 가시와 너의 가시로
서로 밀어내고 부정하며
우리는 껴안지 못한다
진리의 가시라고 외치며 최면을 걸며
늘 외부로 향하여 허망한 꿈을 꿀 뿐,
가시 두른 몸은 누구에게나 고통의 노래였다
제가 먼저 찔리고 먼저 상처받고
열망과 갈증으로 제풀에 먼저 죽는다
제가 먼저 갇히고 스스로 옭아맨다

제 몸에 두른 가시로—

이제 솔직해져야 하리라
제 마음에 박힌 가시로 갈증을 견디며
홀로 사막을 지나가야 한다
선인장은 삶의 비극을 그대로 보여줄 뿐,
선인장이 피우는 꽃은 고통이었다
꽃은 아주 오랜 시간을 견뎌내고
겨우 한두 송이를 피우지만
그 꽃은 곧 붉은 열매를 달고
길손에게 한 모금 달콤한 즙을 내준다
그건 선인장의 기적이자 눈물인 걸 기억하라
한 방울 눈물조차 가시를 두른 기적이므로
절명의 순간마다 듣는다,
면류관을 쓴 구세주의 처절한 외침처럼!

—아버지, 어찌하여 저를 버리시나이까?

누구라도 이 외침을 외면할 수 없다면
소금사막을 지나며 물고기섬에 들러 물어보라
누가 누구를 저버릴 수 있는가?
누가 누구를 구원할 수 있는가?

수천 년 동안 묵묵부답으로 가시를 두른 채
나약한 베드로를 위하여
한 모금 여백을 남겨두었다
질책과 어리석음은 늘 마주보며
아주 극적인 장면을 보여주는지
우리가 진리라고 믿는 정체는 무엇인가?
세상의 종교에 깃든 고도의 은유와 상징,
음울한 그림자를 드리우나
중심에는 들지 못한다
그 껍질을 깎다가 시간을 허비하지 않기를!
종교의 속살은 늘어난 뱃살처럼
나른한 의자에 앉아있는 최면의 순간일 뿐,

네 생애는 요약하면 이렇다—

처음 나자마자 나는 죽었다
몸을 벗으며 두 번째로 나는 죽었다
마음의 비늘마저 벗고 마지막으로 나는 죽었다

—나는 나약한 물고기,

잠시라도 물을 떠나면 숨 쉴 수 없어

헐떡거리다가 죽어야 하는 나는
물고기섬에 와서 뒤늦게 깨닫는다
선홍빛 아가미가 퍼렇게 변하고
지느러미는 축 처진 채 눈알이 흐릿해질 때
삶의 아픈 가시들도 물컹거리며 녹아내린다
저절로 흘러 빠지는 무수한 가시들,
어차피 모든 걸 포기하고 싶은 순간이 오면
더 이상 부끄럽거나 창피한 게 없으므로
세상을 외면하고 홀가분하게 가도 좋으리라
온몸에 두른 비늘은 별처럼 빛났지만
한 몸처럼 떠돌던 물을 떠난 지금,
누추한 몸을 가리기에는 너무 늦었다
살아있는 것이 저주인지 축복인지
아직까지 나는 알지 못한다
다만 지금까지, 적어도 나에게
삶은 가혹하였고 호의적이지 않았다
삶은 무의미하고
자주 비리고 축축하였다
죽고 또 죽어야 삶을 지탱하므로
삶이란 죽음을 되풀이하는 놀이이므로
내가 기껏 할 수 있는 일이라곤,

하루에도 몇 번씩 죽고 죽는 것,
희망의 관절이 꺾일 때마다
산다는 일은 얼마나 비겁해야 하는지—

누구나 비겁할 수 있다

삶의 마침표는 절명의 순간조차
뼈를 다 발라낸 물고기처럼 앙상하다
물의 진리만이 유일한 신앙이었고
그 안에서 헤엄칠 때만 자유로웠다
물 밖으로 쫓겨난 저주의 시간들
맞지 않은 옷을 입은 듯
세상은 자주 불편하고 거추장스러웠다
진리를 부정하고
진리를 피하여 달아났으므로
영혼은 온통 가시를 두르고
불안에 떨며 괴로워하였다
죽음의 문을 통과하기 위하여
삶의 무게를 어둠의 저쪽으로 밀어내며,

이제 나는 여기에 섰다
선인장의 행적을 꼼꼼히 기록하고

마침내 그 노래를 더듬거리며 부르기 시작한다
지금, 나는 오랫동안 마음에 두른
마지막 가시 하나를
막 빼내고 있다

선인장의 길!

나를 고백하는 가시는
따갑지만 결코 아프지 않다
견딜 수 있을 만큼 고통스러운 길이므로
아플 때마다 가시를 빼내며 견뎌야한다
견디는 시간만큼 비록 여생은 가시를 두르고
외부로 향하여 독한 혀를 내밀지만
부디 서로 다치지 말기를
자주 위험하다고 경고라도 내보내기를!
그러나 산다는 일은 더욱 지독하므로
가시를 더 날카롭게 세우고
뜨거운 사막을 홀로 견디는 것인지
남은 시간도 열망의 몸짓으로
꿋꿋하게 제 자리를 지키며 살라 한다
끝까지 견뎌내라 한다
물고기섬에 갇힌 베드로의 물고기는

지금 자유로이 하늘을 헤엄치며
믿음의 반석이 되어
세상을 내려다보지만,

나는 얼마나 무력한 존재인지—

하늘의 기둥이 산산이 부서져내려
그 파편, 하나하나가 속죄하듯 가시로 변하여
이제 나의 울음을 듣고 날 바라본다
나의 비겁함과 연약함,
그리고 남은 부끄러움을
지상에서 물리치기 위하여
지독한 가시가 마음에 박힐 때마다
이토록 치욕스런 대지에서,

태양은 황금의 화살!

내 몸을 무수히 꿰뚫고
힘든 시간을 지나가는,
고독한 힘이 되는 저 울음소리들

17. 투명한 자서전

물은 고행하는 수행자,

그는 우직하나 지혜롭다
하류로 흘러들어 목마른 뿌리를 적시고
다른 몸으로 모습을 숨긴다
세상 온갖 더러움을 마다하지 않고
순하게 있는 그대로 모두 받아들인다
연약한 혀로 대지의 구석구석을 핥으며
온갖 상처의 고름조차 빨아낸다

물의 혀!

부드럽지만 강하다
금강석보다 강한 정신으로
모든 강한 것을 기꺼이 굴복시킨다
물이 가는 길에는 자비가 넘쳐흐른다
더러움이나 깨끗함을 가리지 않고

높고 낮음도 차별하지 않고
제 한 몸으로 온전하게 스며들어
생명의 뿌리 근처에서 기꺼이 죽는다
마지막 살 점, 한 조각까지 다 먹이며
정작 제 자신을 갈가리 찢어 봉헌한다
물의 고행은 여기서 그치지 않는다
물은 껍데기를 벗어던지고
늘 투명한 물음 앞에
묵묵부답으로 길을 넓혀
아래로 흘러갈 뿐,

물의 자서전은 장엄하다

혼탁한 세상을 정화하기 위하여
스스로 몸을 던져
다른 몸과 한 몸이 되어 뒹군다
세상의 상처를 치유하기 위하여
홀로 걸어간 그의 행적을 살펴보면,
얼마나 처절한 길이 거기 있는지
왜 적멸의 시간에 다다라
한 점 소금의 결정으로 굳었는지,

부드러운 물의 혀가 굳고
마침내 묵언의 성자가 되었는지,
이 모든 물음에 결코 대답한 적 없지만
그럼에도 그 자신 스스로 투명한 대답이 된다
그가 걸어 온 길 온통 빛나는 언어로
덧붙일 것 없는,

침묵의 웅변이지 않은가?

물은 무서운 혀를 가지고 있다

어떤 웅변보다 위대하고
어떤 침묵보다 위험하다
마음과 마음이 부딪힐 때마다
낮은 음성이 나는 쪽으로 몸을 기울였으니
축축한 생애를 맨발로 걸어오면서도
단 한 번도 마음에 굴복한 적 없었다
물의 자서전을 읽을 때는
오독을 조심하라

얼마나 위험한 책인지,
마음과 마음이 부딪힐 때마다

젖은 생애를 말리는
저 고통의 여정을 기억하라
제 몸을 산산이 찢어 세상에 남은
마지막 목숨 하나까지 다 살리고 나면,
기억하고 찬탄하라

물의 고행을!

한 점의 사리로 영롱하게 남아
다시 세상의 소금이 되고자 하는
저 인고의 기다림을!

사막으로 가는 마지막 배를 탄다
출항 준비를 막 끝내고
노을은 뱃고동을 울린다
항로는 해와 달이 흐르는 길,
별들이 전송하는 하늘의 항구를 떠나며
누가 못이 박힌 억센 손을 흔든다
유형의 길을 떠나는 시간들!
한 노인이 거기 서있다
늙고 보잘 것 없는 야윈 등이 구부정하다
노을이 무거운지 아주 잠깐 기침이 난다

세상에서 버림받았다는 기억이 아프다
한 몸을 붓으로 삼아
생애를 써내려간 대지는
한꺼번에 읽기에는 벅찰 것이다

갈라터지고 갈가리 찢긴 저 심연,
울부짖음은 고스란히 지난 흔적으로 남아
노인의 생애가 고통이었다는 걸 보여준다
누구나 유형의 쓰라린 땅에서
홀로 버티다가 몸을 버린다
외진 변방에서 한 알의 소금이 되어
고통스러운 대지의 품 안에 몸을 눕인다
제 몸을 마지막으로 녹이는 일은
몸을 벗는다는 의미다

적막한 물소리!
모든 물의 소리는 울음이 스며있다
물의 몸 안에는 알 수 없는 고통이 도사리며
온몸으로 자신의 일생을 이야기하려는지
세상을 다 적시고도 남을 많은 말을
응결하여 제 안에 간직한다
파도가 거셀수록

한 마디 말조차 버린 채
침묵의 결정이 되고자 한다
그리고 마침내 혓바닥조차 바싹 말린다

맨 처음,

물의 길이었던
소금의 길!

누가 소리쳤다.

—그는 막 세상을 떠났습니다.

그러자 어디선가 속삭임이 들려왔다.

—그는 사라져도 노래는 살아있지 않느냐?

어떠한 물음에도
세상은 대답한 적 없으므로,

물은 가는 길마다
세상의 모진 고통을 깎으며 지나간다

산의 허리를 껴안고 바위를 어루만지며
모난 것들을 둥글게 다듬고
드디어 바다로 나아간다
뜨거움으로 스스로 달구어
기어이 하늘로 올라가 제 몸을 지운다
지루한 권태를 즐기며 서서히 죽어간다
허공의 빈 술잔에 한 잔의 포도주를 따르고
노을의 이마에다 손을 얹는다
몸을 다 따르고 나면
몸을 서서히 지운다
스스로 낮추어 목마른 대지를 적시고
시들은 채 다 죽어가는 꽃의 입술을 적시고
유배당한 바람의 일기를 읽기 시작한다

여행은 몸속에 절절히 길을 새긴다
얼마나 오랜 여행이었는지
집을 언제 떠나왔는지
기억조차 가물거리는 먼 여정에서
물은 투명한 자서전을 보여준다

적멸의 새 한 마리!
군데군데 부서진 날개를 펼치고

마침내 시간의 옷을 벗는다
막 창공으로 솟구치는 찰나를!
가장 마지막에 남기고 싶지만
전하지 못할 유언은 이런 것이다

—하늘과 땅은 하나의 신전,
그 안에 들락거리는 바람의 백성들
물은 우리 모두가 걸어온 길이자
우리의 몸이었으므로
아쉬워 할 것이 남아있는가?—

거룩한 증발!
오늘도 새는 시간의 날개를 활짝 펴고
물의 심장을 쪼아대며 누군가를 기다린다
아무 말없이 더욱 가벼워지라 말하며
비상할 시간을 위하여 새는 보여준다 우리에게,
사라지는 물의 혀를!

지금 가야할 궁극의 길이란
얼마나 탄탄하고 투명한 소금의 순례인지
비록 여정은 쓰라리지만
또 얼마나 찬란한 기적인지,

마음의 손가락으로 모음을 더듬어
순례자들은 바람의 점자를 읽는다

투명한 물의 자서전,

비로소 긴 여정을 끝내고
거대한 사막에 엎드려 입맞춘다

소금의 언어로 쓴 아찔한 침묵—

여기, 우유니 소금사막에 오면
마침내 오래된 울음은
푸른 바람이 된다.

이상원 시인

경남 산청에서 나서 인문학 저널리스트 겸 시인으로 활동하고 있다. 남명문학상 신인상을 수상하여 등단했으며, 서사시『서포에서 길을 찾다』로 제2회 김만중문학상 대상을 수상했다.『계간 뿌리』편집위원, 한국시인협회 회원, 시집으로『풀이 가는 길』,『여백의 문풍지』,『만적』,『벌거벗은 개의 경전』이 있으며, 역 · 저서로『하원시초』,『노비문학산고』,『기생문학산고1,2』,『불타다 남은 시』,『무의자 혜심 선시집』,『스라렝딩 거문고소리』,『미물의 발견』,『동창이 밝았느냐』등이 있다.

소금사막의 노래

초판 1쇄 인쇄 2014년 08월 25일
초판 1쇄 발행 2014년 08월 29일
지은이 이상원
발행인 김수현
발행처 도서출판 아라
주 소 서울시 강동구 천호동 287-10 일진빌딩 2층
전 화 02) 476-5060, 팩스 02) 489-5689
등 록 2012년 09월 13일 제2012-52호
이메일 ara5060@naver.com, 홈페이지 www.ara5060.com
ISBN 978-89-98502-52-2*03800
정 가 8,000원

이 도서의 국립중앙도서관 출판예정도서목록(CIP)은 서지정보유통지원시스템 홈페이지(http://seoji.nl.go.kr)와 국가자료공동목록시스템(http://www.nl.go.kr/kolisnet)에서 이용하실 수 있습니다. (CIP제어번호 : CIP2014024032)